KB073755

10대를 위한

직장의 세계

스토리텔링연구소 지음

6 병원

(주) 삼양미디어

 "인간은 사회적 동물이다"라는 말을 한 사람이 아리스토텔레스 (Aristoteles)라고 흔히 알고 있지만, 아리스토텔레스는 "인간은 정치적 동물(zoon politikon)이다"라고 말했습니다. 그러나 이 말 역시 결국 인간이 사회의 자식이며, 사회 공동체의 형성자라는 것을 뜻합니다.

사회적 동물(social animal)이란 인간이 개인으로서 존재하고 있어도 세상에 오직 혼자 만 존재하는 것이 아니라, 끊임없이 타인과의 관계 속에 존재하고 있다는 생각에서 나온 용 어입니다. 즉, 개인은 사회 없이는 존재할 수 없다는 것입니다.

앞서 만든 〈10대를 위한 직업의 세계 시리즈〉는 다양한 진로, 진학, 적성, 취향 검사 방 법 중에서도 세계적으로 가장 큰 공신력을 가지고 있고 한국에서도 가장 많은 검사 장소 (온·오프라인)를 보유하고 있는 홀랜드 기법의 권위와 보편성에 바탕을 두고 기획하고 집필·개발하였습니다.

홀랜드 기법을 통해 보편성에 내 적성을 맞춰보고, 또 오랫동안 살아남은 직업을 들여다보 면서 내 진로를 택하는 것에는 큰 무리가 없습니다. 그러나 직업이란 것이 앞서 말한 것처럼 개별적으로 존재하는 가치나 독단적 행위나 방법이 아니라, 집단과 개인, 조직과 개인, 사회 와 개인, 더 나아가서는 국가와 개인의 결합 구조를 가지고 있다는 점을 들여다봐야 합니다. 이 말은 내가 어떤 직업을 가지고 있다는 것은 유사한 직업의 또 다른 개인, 관련성 있는 직 업의 또 다른 개인과 상호 접촉하는 교집합의 세계를 공유하고 있다는 말입니다.

결국 직업이란 경제적 목적과 자아 실현을 이루기 위해서 개인 과 개인, 개인과 집단이 교집합을 이루고 상호 유기적으로 움

직이는 사회생활의 방식입니다. 그래서 우리는 흔히 자신의 직업을 말할 때 "무슨 일을 한다"라고 말하기도 하지만, "어디에서 일한다"라고 말하기도 하는 것입니다.

하지만 지난 20년간의 청소년 진로 관련 책자 어디에서도 '어디에서 일한다'는 것을 근거로 책을 출간한 경우는 없었습니다. 해당 분야, 관련 분야, 대학의 학과 및 계열에 따른 분류가 있었지만, 어디에서 일한다는 직장을 근거로 한 책은 찾을 수 없었습니다.

〈직장의 세계〉는 여기에 방점을 두었습니다.

우리가 학교를 졸업하고 사회생활을 위해서 택하는 것은 직업이지만, 그 직업이 살아 움직이는 공간은 결국 직장입니다. 과거의 모든 직업과 진로 관련 책은 단지 어떤 나무가 되는 법에 대한 것만을 들여다보았지, 숲에서 한 그루의 나무로 살아가는 법을 알려주지는 못했습니다.

최근 인문학의 새로운 붐은 바로 이런 인간과 인간의 이해와 관계 설정에 대한 부족함과, 사회생활에서 만나는 개인과 집단의 불편함을 해결하려는 자연 발생적 기현상이라고 보아도 좋을 것입니다.

전작인 〈10대를 위한 직업의 세계〉가 결국 개인의 직업(業)이 가진 깊이에 대한 논의였다면, 이번에 제안하는 〈10대를 위한 직장의 세계〉는 그런 다양한 직업이 함께 어울려 살아가야 하는 넓이와 그물망 같은 연결의 시냅스, 곧 장(場)의 이해를 돕는 책이 될 것입니다.

– 스토리텔링연구소 〈이야기는 힘이 세다〉

차 · 례

IV 우리가 만나는 병원 속 직업들

차 • 례

V 어떤 직업들이 병원과 연결되어 있을까?

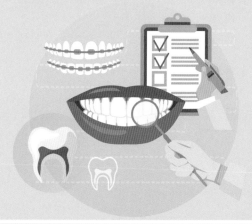

몸이 아프면 제일 먼저 찾아가는 병원!
그만큼 우리에게 병원은 중요하다.

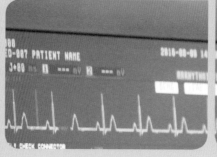

초고령 사회가 되면서 보건 의료 산업이
날로 발전하고 있다. 우리가 몰랐던 의료
산업의 다양한 모습을 살펴보고 의료 산
업에 종사하고 있는 사람들의 이야기와
이들의 주 무대인 병원에 대해 알아보자.

Company

Hospital

I
의료 산업
이야기

01

병원 이야기

△ 1955년 보건사회부 청사

1. 병원의 역사

오늘날의 병원은 서양에서 비롯되었다. 중세 시대에 시작된 서양의 병원은 19세기 중반에 들어서야 오늘날의 병원과 비슷한 모습을 띠게 되었다. 그 중심에는 영국의 간호사 나이팅게일이 있다. 당시 나이팅게일은 병원의 근대화에 앞장섰다. 그녀는 인간적인 간호와 직업적인 간호 제도의 필요성, 의료의 과학화를 주장하며 체계적인 병원 관리가 필요하다고 주장하였다. 마침내 근대적인 병원의 개념이 도입되었고, 마취와 멸균 소독법이 개발되면서 수술법 또한 많은 발전을 이루어 점차 많은 사람들이 병원을 이용하게 되었다. 이러한 수요를 반영하여 병원의 수도 급증하였다.

20세기 전반에는 의학 학문이 크게 발전하면서 병원의 기능도 다양해졌다. 내과와 외과가 학문으로서 발전하였고, 세균학·병리학·생리학·유기화학 등도 발달하여 병원에서 임상 검사가 가능하게 되었다. 또한 X선의 발견으로 방사선 검사를 할 수 있게 되었다. 1920년대에는 미국의 병원 표준화 운동 덕분에 병원의 시설이나 장비, 의료 기술 수준이 향상되었다. 의료 종사자의 교육과 병원 관리학의 발달로 전문적인 의료 종사자를 양성하는 데 힘써 병원은 의학 및 의료의 중심이 될 수 있었다.

2. 병원의 개념

병원은 일반적으로 병상의 규모와 진료 과목의 수를 기준으로 분류한다. 의료법에 따르면, 병상의 수에 따라 진료 과목의 수도 규정되어 있다.

종합 병원이란 100개 이상의 병상(환자가 눕는 침대)과 7~9개 이상의 진료 과목, 각 진료 과목에 따른 전문의를 갖춘 제2차 의료급여 기관을 말한다. 주로 입원 환자를 대상으로 치료를 한다.

100~300개의 병상을 갖춘 종합 병원의 경우 내과·외과·소아청소년과·산부인과 중 3개 진료 과목, 영상의학과·마취통증 의학과와 진단검사 의학과(또는 병리과)를 포함한 7개 이상의 필수 진료 과목을 갖추고 각 진료과목마다 전문의를 둬야 한다.

300개 이상의 병상을 갖추고 있는 경우에는 내과·외과·소아청소년과·산부인과·영상의학과·마취통증의학과·진단검사의학과(또는 병리과)·정신건강의학과·치과를 포함한 9개 이상의 필수 진료 과목을 갖추고 각 진료 과목마다 전문의를 두어야 한다.

종합 병원을 개설하려면 해당 시·도지사의 허가가 필요하고, 병원 운영에 필요한 다음과 같은 시설을 의무적으로 설치하고 있어야 한다.

중환자실, 수술실, 응급실, 임상검사실, 방호 시설을 갖춘 방사선 장치, 회복실, 물리치료실, 병리해부실, 의무기록실, 소독 시설, 냉장 시설과 소독 시설을 갖춘 시체실,

급식 시설·세탁물 처리 시설·적출물 처리 시설, 자가발전 시설, 구급 자동차 등의 시설을 갖춰야 하며, 장례식장을 설치할 수 있다.

20개 이상의 진료 과목과 각 진료 과목마다 전속하는 전문의를 두고 중증 질환에 대하여 난이도가 높은 의료 행위를 전문적으로 하는 종합 병원의 경우에는 소정의 요건을 갖추면 상급 종합 병원(제3차 의료급여기관)으로 지정될 수 있다.

3. 의원의 정의

의원과 병원을 구분하는 기준은 환자를 입원시킬 수 있는 병상의 수이다. 의원은 병상 수가 30개 미만인 병원으로, 병원보다는 시설이 작다. 의원에서는 진료 시설을 갖추고 주로 외래 환자를 대상으로 의사가 의료 행위를 한다. 사람들이 쉽게 찾는 1차 의료 기관은 의원이다.

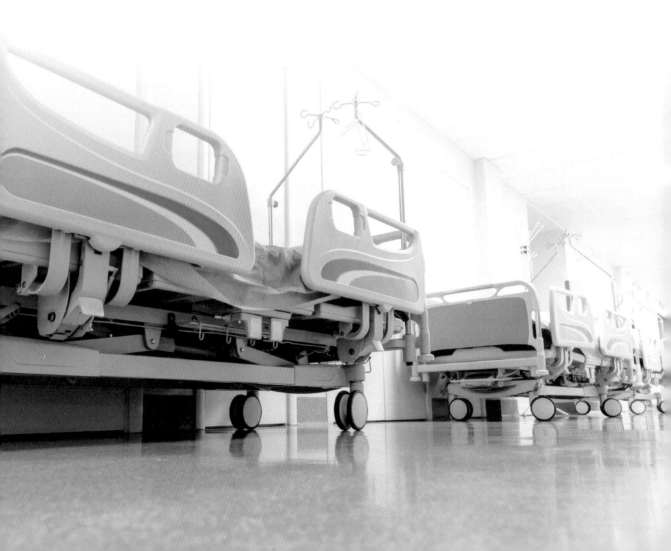

Hospital

02

병 · 의원과 의료 종사자 현황

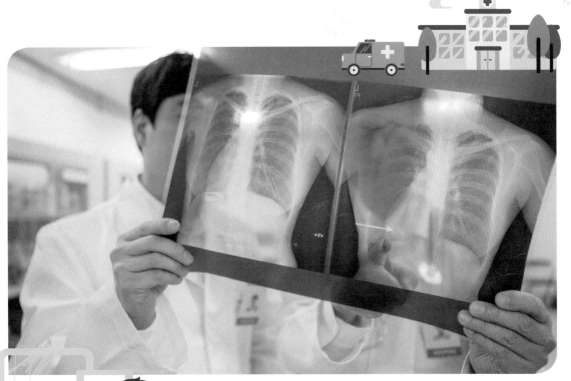

1. 병원 · 의원의 종류별 현황

2015년 현재 국내의 종합 병원은 337개(상급 종합 병원 포함)에 달하고, 각종 병원을 모두 합치면 63,434개이다. 이는 특수 병원과 치과, 한의원, 부속 의원, 조산원도 포함된 수치이다.

2010년에 비해 2015년의 병원 및 의원 수 증가율은 요양 병원이 57.2%, 일반 병원 29.3%, 종합 병원 8.0%로 증가하였다. 병원 및 의원의 분포 현황을 지역별로 보면, 서울과 경기 지역에 전체 기관의 45%가 집중된 것을 알 수 있다. 또한 광역시까지 포함하면 전체 요양 기관의 약 70%가 분포하고 있어 의료 자원의 지역별 불균형이 심화되고 있음을 확인할 수 있다. 요양기관 현황과 지역별 현황과 병, 의원의 현황, 전국 상급 병원 현황까지 알아보면 다음과 같다.

연도별 요양 기관 현황(2015)

※자료: 2015 건강보험통계연보(2016)

구분	계	상급종합병원	종합병원	병원	의원	치과병원	치과의원	조산원	보건의료원	보건소	보건지소	보건진료소	한방병원	한의원	약국
2000년	61,776	43	245	681	19,688	60	10,592	126	17	230	1,270	1,910	141	7,243	19,530
2001년	62,714	43	234	705	21,342	72	10,783	86	17	229	1,267	1,879	140	7,563	18,354
2002년	65,549	42	241	783	22,760	90	11,157	82	18	228	1,266	1,878	149	8,128	18,727
2003년	67,960	42	241	871	23,559	103	11,556	70	17	231	1,270	1,887	152	8,699	19,262
2004년	70,394	42	241	970	24,301	108	12,083	63	17	232	1,272	1,895	156	9,176	19,838
2005년	72,921	42	249	1,112	25,166	124	12,548	52	17	234	1,274	1,897	149	9,761	20,296
2006년	75,108	43	253	1,322	25,789	136	13,002	51	17	237	1,276	1,907	145	10,297	20,633
2007년	76,803	43	261	1,639	26,141	153	13,339	51	17	237	1,282	1,909	142	10,859	20,730
2008년	78,461	43	269	1,883	26,528	168	13,750	51	17	239	1,286	1,914	146	11,334	20,833
2009년	80,270	44	269	2,039	27,027	183	14,242	49	17	239	1,292	1,914	158	11,782	21,015
2010년	81,681	44	274	2,182	27,469	191	14,681	46	17	240	1,296	1,916	168	12,061	21,096
2011년	82,948	44	275	2,363	27,837	199	15,058	40	17	240	1,294	1,917	184	12,401	21,079
2012년	83,811	44	278	2,524	28,033	201	15,365	33	15	243	1,301	1,901	201	12,705	20,958
2013년	84,971	43	281	2,683	28,328	203	15,727	34	15	243	1,307	1,905	212	12,100	20,890
2014년	86,629	43	287	2,811	28,883	205	16,172	35	15	244	1,314	1,908	231	13,423	21,058
2015년	88,163	43	294	2,868	29,488	213	16,609	31	15	243	1,313	1,906	260	13,613	21,267

(단위: 개)

병원 및 의원 수(2016)

※자료: 2016 보건복지통계연보(2016)

구분	2010년	2011년	2012년	2013년	2014년	2015년	증감율 (2010년 대비)
종합 병원	312	319	323	324	321	337	8.0
요양 병원	849	975	1,087	1,228	1,304	1,335	57.2
일반 병원	1,154	1,245	1,327	1.331	1,436	1,492	29.3
의원	27,334	27,909	28,762	28,816	30,689	29,363	7.4

(단위: 개)

지역별 요양 기관 현황(2015)

※자료: 2015 건강보험통계연보(2016)

구분	계	상급종합병원	종합병원	병원	의원	치과병원	치과의원	조산원	보건의료원	보건소	보건지소	보건진료소	한방병원	한의원	약국
서울	21,507	14	42	321	7,802	68	4,693	5	–	25	4	–	39	3,543	4,951
부산	6,416	4	24	320	2,198	19	1,206	4	–	16	11	5	9	1,098	1,502
대구	4,706	4	8	175	1,615	17	826	2	–	8	9	8	2	842	1,190

구분														
인천	4,123	3	16	119	1,444	4	830	2	–	10	27	27	14	607	1,020
광주	2,678	2	20	124	893	11	577	–	–	5	1	10	84	304	647
대전	2,868	1	9	90	1,026	5	509	1	–	5	7	8	5	502	700
울산	1,744	1	6	83	574	4	361	–	–	5	8	11	3	289	399
세종	299	–	–	8	100	–	51	–	–	1	11	7	–	40	81
경기	18,184	5	53	567	6,159	34	3,716	10	1	45	125	161	39	2,784	4,485
강원	2,402	1	14	80	717	3	366	1	2	16	98	129	2	340	633
충북	2,574	1	11	81	815	2	380	1	–	14	93	158	4	385	629
충남	3,432	2	11	125	1,024	10	499	–	2	14	151	233	3	494	864
전북	3,630	2	10	163	1,107	3	533	–	4	10	149	242	26	491	890
전남	3,244	1	22	151	905	6	439	3	3	19	213	327	19	350	786
경북	4,301	–	19	196	1,226	11	622	–	2	23	224	312	6	614	1,046
경남	5,010	2	22	250	1,522	16	820	1	1	21	172	221	5	765	1,192
제주	1,045	–	7	15	361	–	181	1	–	6	10	47	–	165	252

(단위: 개)

 전국 상급 종합 병원 현황

진료권역	상급 종합 병원 지정 기관명(가나다순)
서울권(14)	가톨릭대학교서울성모병원, 강북삼성병원, 건국대학교병원, 경희대학교병원, 고려대의과대학부속구로병원, 고려대의과대학부속병원, 삼성서울병원, 서울대학교병원, 서울아산병원, 연세대학교의과대학강남세브란드병원, 연세대학교의과대학세브란스병원, 이화여대부속목동병원, 중앙대학교병원, 한양대학교병원
경기 서북부권(4)	<u>가톨릭대학교인천성모병원</u>, 길의료재단길병원, 순천향대학교부속부천병원, 인하대학교의과대학부속병원
경기 남부권(4)	고려대의과대학부속안산병원, 분당서울대학교병원, 아주대학교병원, 한림대학교성심병원
강원권(1)	연세대원주세브란스기독병원
충북권(1)	충북대학교병원
충남권(3)	단국대의과대학부속병원, 충남대학교병원, 순천향대학교부속천안병원
전북권(2)	원광대학교의과대학병원, 전북대학교병원
전남권(3)	전남대학교병원, 조선대학교병원, 화순전남대학교병원
경북권(4)	경북대학교병원, 계명대학교동산병원, 대구가톨릭대학교병원, 영남대학교병원
경남권(7)	경상대학교병원, 고신대학교복음병원, 동아대학교병원, 부산대학교병원, 양산부산대학교병원, 울산대학교병원, 인제대학교부속부산백병원

지정기간: 2015. 1. 1. ~ 2017. 12. 31.(3년간)
※밑줄친 기관은 신규 지정 기관

2. 의료 종사자 현황

보통 병원하면 의사와 간호사가 먼저 떠오르는데, 그 밖에도 다양한 보건 의료 관련 직업이 존재하며 점차 의료 종사자의 직종이 다양화되고 있다. 의사, 한의사, 약제사, 조산사, 보건진료원, 간호사, 간호조무사, 물리치료사, 작업치료사, 치과위생사, 방사선사, 의료사회사업종사자 등이 있다. 이들의 업무와 자격 요건은 대부분 법으로 규정하고 있어 규정이 충족되어야 종사할 수 있는 자격을 얻게 된다. 지금부터 다양한 병원 종사자 현황을 살펴보자.

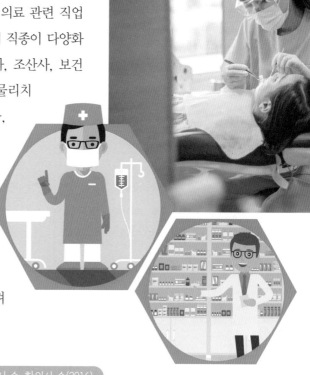

연도별 면허 의사 수, 치과의사 수, 한의사 수(2016)

※자료: 2016 보건복지통계연보(2016)

구분	면허 의사			면허 치과의사			면허 한의사		
	소계	의사	한지*의사	소계	치과의사	한지치과의사	소계	한의사	한지한의사
2004년	81,998	81,918	80	20,772	20,760	12	14,421	14,348	73
2005년	85,369	95,289	80	21,581	21,569	12	15,271	15,200	71
2006년	88,214	88,139	75	22,267	22,255	12	15,918	15,849	69
2007년	91,475	91,400	75	23,126	23,114	12	16,732	16,663	69
2008년	95,088	95,014	74	23,924	23,912	12	17,541	17,473	68
2009년	98,434	98,360	74	24,639	24,627	12	18,401	18,333	68
2010년	101,443	101,371	72	26,390	25,379	11	19,132	19,065	67
2011년	104,397	104,332	65	26,098	26,087	11	19,912	19,846	66
2012년	107,295	107,221	74	26,804	26,791	13	20,668	20,600	68
2013년	109,563	109,500	63	27,409	27,398	11	21,355	21,287	68
2014년	112,476	112,407	69	28,134	28,123	22,11	22,074	22,007	67
2015년	116,045	115,976	69	28,953	28,942	11	23,245	23,178	67

주: 해외 거주자 포함
(단위: 명)

*한지(限地)의사 · 한의사: 일정한 지역 안에서만 개업하도록 허가한 의사 · 한의사로 무의촌 문제를 해결하기 위한 보건 정책의 하나

 면허 약사 수(2016)

※자료: 보건복지부, 보건복지통계연보, 2016

연도	계	남	여
2006	55,845	19,958	35,887
2007	27,176	20,405	36,771
2008	58,363	20,821	37,542
2009	59,717	21,363	38,354
2010	60,956	21,885	39,071
2011	62,245	22,418	39,827
2012	63,647	22,914	40,733
2013	63,292	22,622	40,670
2014	63,150	22,516	40,634
2015	65,510	23,694	41,816

주: 해외 거주자 포함
(단위: 명)

 연도별 간호사 인력 현황(2016)

※자료: 2016 보건복지통계연보(2016)

연도	면허간호사	활동간호사[3]	활동간호사 비율(%)	병원[1]	의원 및 조산원[2]	보건소	보건지소	보건진료소
2004년	202,012	87,731	43.4	68,986	13,566	2,816	500	1,863
2005년	213,644	91,608	42.9	71,739	14,560	2,894	539	1,876
2006년	223,781	96,377	43.0	75,784	15,083	2,994	588	1,878
2007년	235,687	101,321	43.0	80,341	15,398	3,121	600	1,861
2008년	246,840	107,343	43.5	86,081	15,602	3,179	654	1,827
2009년	258,568	111,409	43.1	89,997	15,717	3,127	675	1,893
2010년	270,274	116,637	43.2	95,187	15,616	3,206	739	1,889
2011년	282,656	119,368	42.2	97,992	15,522	3,205	773	1,876
2012년	295,254	121,095	41.0	99,976	15,297	3,183	773	1,866
2013년	307,797	135,440	44.0	114,088	15,358	3,305	852	1,837
2014년	323,041	147,997	45.8	126,218	15,638	3,439	863	1,839
2015년	338,629	159,298	47.0	137,181	15,684	3,701	894	1,838

주: 1) 병원은 상급 종합 병원, 종합 병원, 병원, 요양 병원, 치과 병원, 한방 병원을 포함
2) 의원 및 조산원은 의원, 치과의원, 한의원, 부속의원, 조산원을 포함
3) 활동간호사는 의료기관, 보건기관에 종사하고 있는 간호사를 의미
(단위: 명)

 면허등록 의료기사 수(2014)

※자료: 보건복지부 의료자원정책과, 「면허관리 정보시스템」

연도	총계			임상병리사			방사선사			물리치료사		
	계	남	여	계	남	여	계	남	여	계	남	여
2014	299,640	103,764	195,876	49,980	12,911	37,069	36,339	23,741	12,598	51,435	17,902	33,533

주: 해외 거주자 포함
(단위: 명)

 작업치료사, 치과기공사, 의무기록사, 안경사 수(2014)

※자료: 2015 보건복지통계연보(2015)

연도	작업치료사			치과기공사			의무기록사			안경사		
	계	남	여	계	남	여	계	남	여	계	남	여
2014	10,048	2,295	7,753	31,555	19,576	11,979	20,662	2,750	17,912	38,482	24,216	14,266

 병원 종류별, 종사 의료 인력 수(2014)

※자료: 보건복지부 의료자원정책과 – 건강보험심사평가원

구분	총계	종합 병원	병원	치과 병원	한방 병원
2014	285,782	158,584	116,826	5,394	4,978
의사	54,203	39,378	14,673	16	136
치과의사	3,399	1,288	124	1,987	0
한의사	2,991	25	1,519	1	1,446
조산사	666	469	197	0	0
간호사	126,218	83,173	41,448	115	1,482
간호조무사	44,228	9,786	32,896	304	1,242
임상병리사	11,547	8,261	3,231	28	27
방사선사	11,894	7,254	4,480	62	98
물리치료사	14,501	2,887	11,243	3	368
작업치료사	4,520	837	3,660	0	23
치과기공사	449	129	13	307	0
치과위생사	3,500	869	101	2,530	0
의무기록사	3,203	1,463	1,627	32	81
약사	4,463	2,765	1,614	9	75

주: 종합 병원 = 상급 종합 병원 + 종합 병원,
병원 = 병원 + 요양 병원
(단위: 명)

Hospital

03
의료 산업의 성장과 매출

1. 의료 산업의 규모와 성장

국내 의료 산업의 규모는 약 73.9조 원으로, 경상의료비 105.5조 원의 70.4%에 해당하며, GDP의 5.0%를 차지하는 규모이다. GDP 대비 의료 산업의 규모는 다른 국가 중 가장 낮은 수준이며, 의료 산업이 국민의료비에서 차지하는 비중은 70.4%로 캐나다와 유사한 수준이다. 그러나 의료 산업은 매년 큰 폭으로 증가하여 GDP에서 차지하는 비중은 2000년 2.6%에서 2014년에는 5.0%로 증가하였다. 경상의료비 증가율에 비해 의료 산업 증가율이 더 높은 경향을 보이는데, 이는 의료재화의 증가속도에 비해 의료 산업의 증가속도가 상대적으로 빠르게 성장해 오고 있음을 보여준다.

※자료: OECD Health Data

구분	규모	비율(%)
정상의료비	105.0조 원	100.0
개인의료비	97.5조 원	92.8
의료 서비스 산업 규모	73.9조 원	70.4
의료 서비스 산업/GDP	5.0%	

가파르게 증가하는 의료 산업은 다른 OECD 국가와 비교해도 단연 높은 편이다. 2000년대 이후, 국내 증가율은 연평균 8.8%로, OECD 평균의 2배에 달한다. 매년 큰 폭으로 증가하여 2000년에 16조 7,000억 원, 2005년에 30조 7,000억 원, 2014년에는 73조 9,000억 원으로 급격하게 증가하였다. GDP에서 차지하는 비중도 2000년 2.6%에서 2013년에는 5.0%로 약 2배 증가하였다. 그러나 의료 산업은 2010년 이후 증가세가 둔화하였으나, 경상의료비 대비 비중 및 GDP 대비 비중은 지속적으로 증가하고 있는 추세이다.

국내 의료 산업의 성장은 서비스 자원의 공급 및 이용 증가에 따른 결과이다. 국가 전체의 경제 성장 속도보다 더 빠른 것으로 나타났다. 의료보험이 자리를 잡아가기 시작하던 1980년대 초반, 의료 산업의 연평균 증가속도는 10.8%로 경제 성장 속도 9.7%와 거의 비슷하였다. 그 후 정부가 보장 인구를 확대하고, 보장성 정책을 강화하면서 의

료 산업의 성장 속도는 더욱 빨라졌다. 1997년 외환위기 때는 성장세가 잠시 주춤하였으나, 이후 다시 빠르게 회복하였다. 이에 비해 국내 경제 성장은 그 폭이 점차 줄어들었고, 2008년의 세계 금융 위기, 경제 위기의 여파로 낮은 성장 폭을 이어갔다. 2000년대에 들어서면서 의료 산업의 성장 속도는 경제 성장 속도의 2배를 넘어섰으며, 최근에 와서는 3배 이상의 격차를 보이게 되었다. 이처럼 국내외적으로 몇 번의 경제 위기가 있었지만 의료 산업의 증가세는 꺾이지 않았다.

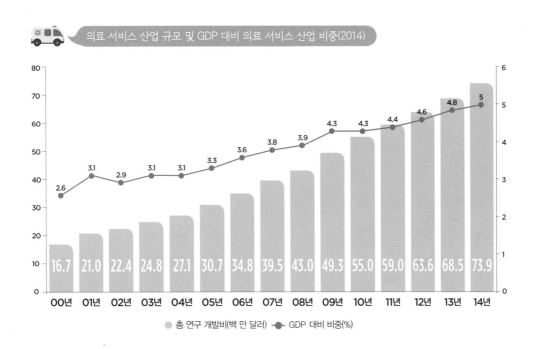

의료 서비스 산업 규모 및 GDP 대비 의료 서비스 산업 비중(2014)

	00년	01년	02년	03년	04년	05년	06년	07년	08년	09년	10년	11년	12년	13년	14년
총 연구 개발비(백 만 달러)	16.7	21.0	22.4	24.8	27.1	30.7	34.8	39.5	43.0	49.3	55.0	59.0	63.6	68.5	73.9
GDP 대비 비중(%)	2.6	3.1	2.9	3.1	3.1	3.3	3.6	3.8	3.9	4.3	4.3	4.4	4.6	4.8	5

● 총 연구 개발비(백 만 달러) ● GDP 대비 비중(%)

2. 의료 산업의 매출 현황

국내 의료 기관은 대부분 민간 병원으로 병원의 고유기능 외에 수익추구를 목적으로 하는 하나의 기업체로서의 성격이 강하다. 병원급 의료 기관(병원, 종합 병원, 상급 종합 병원)이 국내 의료 산업에서 차지하는 비중은 의료비 지출기준으로 볼 때 전체 의료비의 59.9%에 달한다. 나머지는 의원이 23.3%, 치과의원·한의원이 15.0%, 기타 1.8%로 구성되어 있다. 우리나라 사람들은 의료비 지출은 상급 병원에서 많이 하지만, 자주 이용하는 곳은 의원급인 1차 의료 기관이다.

우리나라 의료 기관의 총진료비 중 상위 5대 상급 종합 병원의 진료비가 차지하는 비율은 매우 크다. 상위 5대 상급 종합 병원이란 가톨릭성모병원, 삼성서울병원, 서울대병원, 아산병원, 세브란스병원을 말한다. 2013년 기준 상위 5대 병원의 진료비는 2.7조 원(7.8%), 상위 5대 병원을 제외한 상급 종합 병원의 진료비는 5.3조 원(15.0%), 종합 병원 7.8조 원(21.9%), 병원 4.8조 원(13.5%), 요양 병원 3.0조 원(8.4%), 의원 9.1조 원(25.5%)을 나타냈다. 상위 5대 병원 중 서울대병원은 국립대 병원 특성상 공공성이 강조되면서 수익을 내기 쉽지 않은 형편이지만 2016년에 흑자로 반전됐다. 상위 5대 병원 중 유일하게 적자를 기록한 곳은 삼성서울병원으로 직격탄을 맞았던 메르스 후유증이 컸다고 할 수 있다. 또한 2016년 상위 5대 병원들이 건강보험 급여비로 3조 838억 원을 벌었고, 그중 상반기에는 1조 2,936억 원을 벌었는데, 2017년에는 이보다 12.2% 급증했다. 따라서 우리나라 사람들은 상급 종합 병원에서 의료비를 지출하는 경향이 크고, 앞으로도 이는 변동이 없을 것으로 전망된다.

상위 5대 대학병원 2014~2016년 의료 수익·의료 이익 현황

※표: 뉴데일리경제 재구성

구분		가톨릭의료원	삼성서울병원 (강북삼성 포함)	서울대병원 (분당서울대 포함)	아산재단	연세의료원
2014	의료 수익	1조 7,844억 원	1조 4,410억 원	1조 3,651억 원	1조 5,805억 원	1조 5,441억 원
	의료 수익	724억 원	−461억 원	−591억 원	752억 원	2,055억 원
2015	의료 수익	1조 8,802억 원	1조 3,270억 원	1조 4,682억 원	1조 6,610억 원	1조 6,950억 원
	의료 수익	656억 원	−1,380억 원	−427억 원	771억 원	2,505억 원
2016	의료 수익	2조 513억 원	1조 5,230억 원	1조 5,995억 원	1조 7,969억 원	1조 8,598억 원
	의료 수익	1,054억 원	−349억 원	25억 원	873억 원	2,703억 원

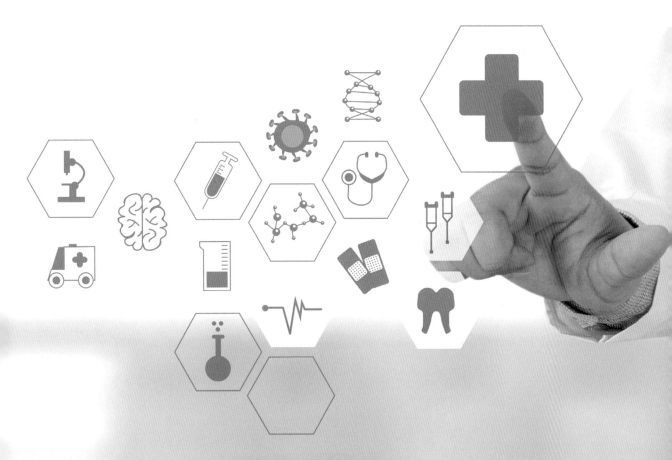

세계적으로 유명한 병원은 어디일까? 세계 최고의 병원으로 주목받는 존스 홉킨스, 메이요 클리닉, 회엔리트 재활 병원의 특징과 성공 요인을 통해 병원이란 어떤 곳이어야 하는지, 현대 병원이 주목해야 할 부분에 대해 알아본다.

이를 통해 국내의 의료 산업이 앞으로 어떤 방향으로 발전해 갈지 그 미래를 가늠할 수 있을 것이다.

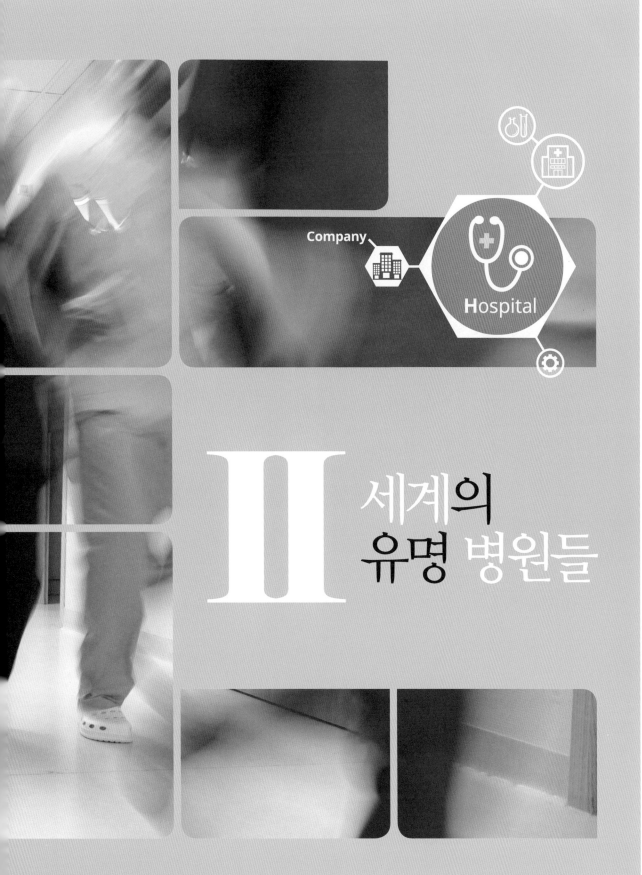

II 세계의 유명 병원들

01
미국의 존스 홉킨스 병원

THE JOHNS HOPKINS HOSPITAL

볼티모어 시

1. 존스 홉킨스의 상징성과 목표

존스 홉킨스 대학 병원은 20년 연속 미국 내 종합 병원 1순위를 독차지할 정도로 볼티모어의 자랑이자 최고로 인정받는 병원이다. 미국 시사 주간지 〈US News & World Report〉는 미국 전역에 있는 약 5,000개의 종합 병원, 16개 치료 분야를 대상으로 중환자 생존율, 입원환자 안전도, 치료 건수, 환자대비치료 의료진 수, 치료의 전문성, 응급 대처능력, 의학계 평판 등 진료 데이터를 종합적으로 분석하여 병원 순위를 매년 발표하고 있다. 존스 홉킨스 병원은 1991년 이래 2012년을 제외한 2013년까지 20년 넘게 1위 자리를 고수하고 있다. 특히 이비인후과, 신경과 및 신경외과, 정신과, 비뇨기과 등에서 최고 병원으로 선정되었다.

최고의 의료 환경에서 최고의 의료진이 포진해 있는 존스 홉킨스 병원은 환자의 만족도가 높아 그곳에서 치료를 받은 환자들이 가족이나 친구들에게 추천하는 비율이 상당히 높다. 또한 미국 내 의사들이 자신의 가족이 아플 때 보내고 싶은 병원으로 선정하기도 하였다.

2. 세계 최고이자 최초, 병원의 선구자

존스 홉킨스 병원은 1889년 당시 볼티모어 지역의 성공한 사업가이자 자선가였던 존스 홉킨스가 1873년에 타계하면서 700만 달러의 막대한 재산을 기부하였고 이를 기반으로 병원이 설립되었다. 그는 성별, 연령에 차별 없는 의료 서비스를 제공하는 조건을 내걸었고, 이를 반영하여 경제적 능력이 있는 환자들에게는 적절한 치료비를 부과하고 저소득층에게는 무료 치료를 제공하였다. 경제적인 능력에 따라 차별적인 치료를 받지 않도록 하기 위해 노력하였음을 알 수 있다.

1876년에는 존스 홉킨스 대학, 1893년에는 의과 대학을 개설하였는데, 병원과 함께 의과 대학을 통합하여 연구와 교육을 통합함으로써 의과 교과 과정을 크게 향상시켰다. 존스 홉킨스 메디슨은 존스 홉킨스 병원을 포함하여 6개의 병원, 4개의 교외 의료 및 수술 센터, 30개가 넘는 1차 외래 진료처를 포함하고 있다. 또한 브래디(Brady) 비뇨기학 연구소, 시드니 킴멜(Sidney kimmel) 암센터, 윌머(Wilmer) 안과연구소 및 세계적으로 유명한 이비인후과, 정형외과, 신경외과, 장기기증 및 여성보건센터 등의 우수한 의료 기관을 두루 갖추고 있다.

존스 홉킨스 병원의 목표는 최고 수준의 의학 교육, 연구 그리고 임상을 통해 지역 사회뿐 아니라 전 세계의 건강을 향상시키는 것이다. 새로운 의학 기술의 발전을 도모하면서 다음 세대의 의사와 과학자들을 교육시키며, 환자 중심의 예방과 진료를 통해 인류의 희망이 되고자 하는 것이 이 병원의 핵심 가치이다.

존스 홉킨스 병원에서 진료를 받으려면 병원의 국제봉사부와 먼저 접촉하는 게 좋다. 병원 내 외국인 환자를 위해 통역 및 진료 예약을 도와주는 전담 직원이 있으며, 공항 차량 제공, 숙박 알선, 관광 안내 등을 도와주며 환자의 편의를 많이 고려하여 운영하고 있다. 또한 시내의 거의 모든 호텔에서 병원까지 가는 셔틀을 운영하고 있다. 병원의 건물은 각 방의 난방과 환기도 지하에서 따로 공급 배출하여 각 층과 병동, 병실을 격리하여 당시 기승을 부리던 병

🔊 캐럴 그라이더(Carol Greider)−노벨상 수상자, 존스 홉킨스 대학 생물학 및 유전학과 교수

원 내 감염사고를 혁신적으로 막을 수 있도록 하였다. 현재는 초기의 건물을 중심으로 약 18만㎡에 이르는 방대한 터에 병원과 의대, 연구 시설이 들어선 의료 단지가 되었다.

3. 존스 홉킨스 병원의 성공 요인

미국뿐 아니라 세계 최고로 인정받는 존스 홉킨스 병원은 늘 '최초'라는 수식어가 따라다닌다. 세계 최초로 수술용 장갑을 사용하였고, 신장 투석과 심폐소생술을 처음 실행하였다.

그 외에도 백혈병 환자에 대한 골수이식, 당뇨망막증에 대한 레이저 치료, 만성 신부전증 환자에 대한 투석, 당뇨 환자에 대한 인슐린 펌프이식, 대장암과 전립선암 유전자의 발견 등 많은 획기적인 치료법을 최초로 시행했다. 이러한 눈부신 의학적 기여로 인해 의학 관련 노벨상 수상자만 18명을 배출하였고, 치료와 연구, 교육을 병행한 결과 20세기 초부터 세계적 명성을 가진 의사들이 배출되었다. 특히 인턴과 레지던트 교육 제도를 처음 시도하였고, 이는 전 세계적으로 전문의 양성 교육의 모델이 되었다. 존스 홉킨스 병원의 성공 요인은 다음과 같다.

(1) 경영 혁신

존스 홉킨스 병원은 병원경영의 혁신을 시도하여 이러한 성과와 위상을 유지할 수 있었다. 1980년대 임상 각 과를 각 단위 병원으로 나누어 예산편성의 권한과 책임을 위임했고, 의료진에게 더 많은 재무와 관리에 대한 정보를 제공하며, 병원경영 의사결정에 참여시키며 권한 분산으로 경영 혁신을 이루었다. 또한 새로운 연구업적과 최신 치료방법을 개발할 수 있도록 투자를 아끼지 않았다.

(2) 협력 체계

이 병원의 가장 큰 특징은 협진 시스템이 활발하게 이루어진다는 점인데, 1889년 병원 창립 때부터 권한 분산을 통해 일선의 창의적인 협력을 강조하는 문화가 오랜 세월 동안 자연스럽게 뿌리내려 왔다. 각 과별 상호협력에 의한 진료체계를 구축하여 환자의 완벽한 치료를 위해 주치의에게만 의존하지 않고, 여러 전공 분야 의사들이 협력하여 치료할 수 있는 통합의료 시스템을 완벽하게 구현하였다. 최고의 의료 설비와 의료진뿐만 아니라 연구진, 시설, 간호사, 의료기사 및 행정직원까지 환자에게 영향을 미칠 모든 부문이 완벽을 지향하며 서로 유기적으로 협력하도록 하였다.

(3) 유연한 시스템과 조직문화

병원에 소속된 의사들도 서로를 경쟁자로 여기기보다는 경험 많은 타 전공 분야 의사들의 도움을 언제든 손쉽게 받을 수 있다는 사실이 환자의 치료의 책임자로서 행운으로 여긴다. 이러한 유연한 운영시스템과 조직문화가 존스 홉킨스의 성공 요인이다.

(4) 적극적인 치료법 개발과 임상 적용

이 병원에는 연구와 임상의 구분이 없고, 개발된 새 치료법이 즉시 임상에 적용된다. 교수 연구실에서 갖가지 연구결과가 쏟아져 나오면 그 중 치료법을 인정받은 것들은 곧바로 환자에게 임상 적용된다. 환자 입장에서는 새롭게 시도되는 첨단치료법들을 세계 어느 병원보다 먼저 받을 수 있게 된다. 새 치료법이 성공적인 것으로 판명되면 '기술특허 사무실' 인원이 투입되어 즉시 치료법에 대한 기술특허를 획득해 산업화를 추진한다. 기술특허료 총수익의 일부를 연구자에게 돌려준다. 이러한 선순환 흐름은 의사들에게 물질적인 동기부여와 동시에 큰 연구업적을 남길 수 있게 하여 의사들은 더더욱 연구에 집중할 수 있게 하였다.

(5) 환자 중심의 의료 서비스

"존스 홉킨스 병원은 환자 없이 세계 최고의 의사는 존재하지 않는다."는 철칙을 가르치며, 환자 중심의 치료를 시행하고자 노력하였다. 자체 홈페이지뿐 아니라 '인텔리헬스'라는 사이트를 통해 각 질환에 대한 의료정보 서비스를 제공하고 있다. 등록한 환자들의 질문에 일일이 응답해주며 환자들은 자신들의 고유 ID를 통해 언제라도 상담이 가능하다. 또한 방문했던 환자를 위해 홉킨스 전용전화(HAL)를 설치하여 개원 의사들에게 사용하게 하는

데 이는 일종의 A/S 역할을 한다. 이렇게 하면 주치의의 실력에만 의존하는 것이 아니라 잘 짜인 시스템의 도움을 받을 수 있게 된다.

Hospital

02
미국의 메이요 클리닉

로체스터

1. 의료 서비스 디자인의 선구자

메이요 클리닉도 매년 〈US News & World Report〉지의 최고 병원 선정 경쟁에서 존스 홉킨스와 함께 1, 2위를 다투는 세계적인 병원이다. 미국 미네소타주 로체스터에 위치해 있으며, 1883년 외과 의사였던 윌리엄 메이요가 남북전쟁 중 북군 병사의 진료를 위해 파견되었다가 전쟁 후에도 남아 두 아들과 함께 설립하였다. 로체스터의 인구가 10만 명이 채 되지 않는데 이 중 절반 가까이가 의사, 간호사, 과학자와 그 가족이라고 한다. 이 병원의 교수, 전문의, 의사 인력만 4,000여 명에 이른다.

메이요 클리닉은 꾸준한 연구 투자로 초기, 중기, 말기 등 암의 진행 단계를 체계적으로 구분하는 시스템을 개발했고, 티록신이라는 성장 호르몬의 분리를 진행했다. 그 외에도 빈혈 측정법 개발, 혈액은행 개설, 비행기 조종사를 위한 산소마스크 고안, 항 결핵제의 사용, 컴퓨터 단층 스캐닝의 사용, 비타민 C의 항암 효능에 대한 연구 등 세계 최초로 헤아릴 수 없는 업적을 이루었다. 세계 각지의 왕족과 부호, 유명 인사들이 찾는 병원으로도 유명한데, 레이건 전 미국 대통령이 대통령 재직 시 이 병원에서 대장 폴립을 제거하는 수술을 받았고, 바버라 부시 여사, 아놀드 파머, 빌리 그레이엄, 조지 해리슨 등이 이 병원에서 치료를 받았다. 이라크 대통령이었던 사담 후세인도 10여 년간 이곳에서 치료를 받았다고 한다. 작은 시골 마을에 국제공항이 있는 이유도 유명인들이 메이요 클리닉을 방문하는 데 필요하기 때문이다. 외국인 환자가 많은데, 그 이유는 메이요 클리닉이 다른 병원들보다 한발 앞서 외국인들을 위한 시설과 진료 체계를 갖추었기 때문이다. 대표적으로 35개국 언어 통역 서비스를 시행하고 있다.

2. 메이요 클리닉의 특별한 도전

(1) 비영리 병원

메이요 클리닉의 가장 큰 도전은 비영리 병원이라는 점이다. 메이요 형제는 1919년 그들이 평생 의사 생활로 벌었던 돈을 모두 비영리 자선 단체에 투자해 오늘날 메이요 클리닉의 모태를 세웠다. 환자 진료에서 거둔 수익금을 모두 의학교육과 연구에만 쓴다는 취지에 따라 현재 1,000억 원에 달하는 비용을 연구비로 쓰고 있다. 지금도 병원 운영을 통해 얻은 이익과 기부금은 다시 연구와 교육에 전액 재투자되어 환자들에게 질 좋은 의료 서비스를 제공하고자 노력하고 있다.

(2) 환자 제일주의

메이요 클리닉의 성공 요인은 '환자 제일주의'라는 기본정신에서 찾을 수 있다. 환자의 시간과 돈을 낭비하지 않도록 하기 위해 환자들이 정밀 검사를 받아야 할 때도 오래 대기하지 않고 당일에 가능하도록 갖추고 있다. 또한 진찰 전에 환자의 정보를 파악하기 위해 '병력 설문지'를 작성하게 한다.

(3) 환자와 의료진의 연결 서비스, 혁신센터 (CFI)

사람, 기술, 상업적 발전을 모두 꾀하는 혁신 센터(CFI)를 만들어 낸 것으로도 유명하다. 메이요 클리닉에서 추구하는 혁신이란, 사람의 관점에서 환자나 가족, 고객들의 욕구를 이해하고, 기술적인 관점에서는 실제 적용하는 방법에 대해 파악한다. 상업적인 관점에서는 어떤 모델이 성공할 수 있고 유지 가능한지를 조사한다. 즉 환자의 요구가 무엇인지를 파악하고, 이를 만족시키기 위해서 어떻게 해야 하는지 고민을 반복하는 과정을 거친다. 그리고 결정된 내용을 빠른 시간 안에 실행에 옮기도록 '생각은 크게, 시작은 작게, 행동은 빠르게(Think Big, Start Small, Move Fast)'라는 슬로건을 내세우고 있다.

또한 혁신 센터는 언제 어디서든 의료 서비스가 가능하도록 환자와 의료진을 연결하는 '의료 연결 서비스'를 구축했다. 대표적인 성공 사례로 꼽히는 'e-컨설트' 플랫폼은 영상, 문자메시지, 스마트폰 애플리케이션 등을 이용해 의료 서비스 공급자와 지속적으로 연락을 주고받을 수 있도록 하고 있다.

(4) 자연 친화적인 환경

메이요 클리닉은 '병원 같지 않은 병원'을 위해 당시 많은 노력을 하였고, 병원이라기보다는 호텔이나 미술관 같은 편안한 분위기로 유명하다. 로비는 호텔처럼 호화롭고, 병원의 로비, 벽면, 천장 등에 다양한 예술품과 피아노 등이 설치되어 있다. 의사가 하얀 가운 대신 정장을 입고 있으며, 진료실 내부 가구들도 환자에게 친근함과 편안함을 느끼게 하기 위해 배치에 신경 썼다. 환자들이 병원에서 느끼는 불안함과 위압감을 이해하며, 치료에 편안하게 집중할 수 있도록 하기 위한 메이요 클리닉만의 특별한 배려이다.

03
독일의 회엔리트 재활병원

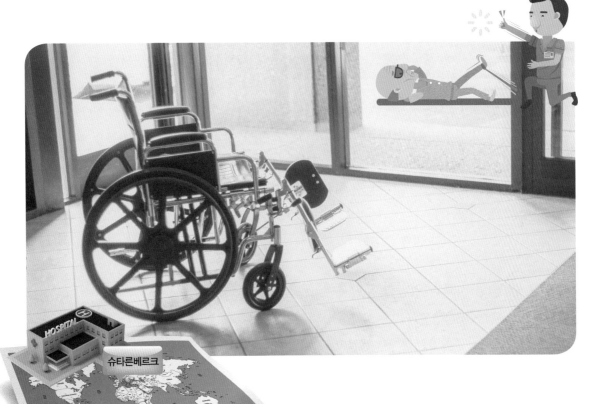

슈타른베르크

1. 획기적인 치료의 대표적인 재활병원

회엔리트 재활병원은 1967년에 독일 슈타른베르크 호숫가에 설립된 남부 독일의 대표적인 재활병원으로, 500병상 규모이며, 독일에서도 열 손가락에 꼽힐 정도로 큰 규모이다. 수술을 끝낸 환자가 손상된 신체의 기능을 회복하고 가정 또는 사회로 돌아갈 수 있도록 지원하는 재활을 목적으로 설립되었다.

이 병원의 설립 배경은 다음과 같다. 당시 기름진 식생활로 심장 질환 환자가 급증하였는데, 식이요법이나 누워서 안정을 취하게 하는 다소 소극적인 치료법이 대부분이었다. 그러나 회엔리트 재활병원은 헬스 기구와 같은 과학적인 장비를 이용해 강도 높고 체계적인 치료 프로그램을 도입하였다. 이는 당시 사람들에게 환자를 위험에 빠뜨린다는 우려를 샀지만, 결국 환자의 회복을 성공적으로 이끌어 재활병원으로 명성을 알리게

되었다.

현재에는 심장병 환자들에게 수중에서 부력을 이용한 치료와 근육 기능을 강화하는 치료법의 발상지로 유명해졌으며 유럽에서 손꼽히는 심장재활 전문병원으로 발전하였다.

회엔리트 재활병원의 환자는 대부분 응급실을 이용하지 않는 회복기 상태의 환자들이다. 그렇지만 병원 측은 갑작스러운 심장 발작에 대비해 첨단 응급 의료장비와 의료진을 항상 대기해 놓고 있다. 또한 재활치료를 받는 환자들을 위한 세심한 간호 차원에서 의료진과 환자의 비율도 일정 수준만을 유지한다. 질 높은 의료진과 전문적인 치료프로그램, 저렴한 병원비 등으로 회엔리트 재활병원은 평균 98%의 입원율로 늘 만원이다.

2. 맞춤형 치료와 다양한 재활훈련

회엔리트 재활병원의 치료 영역은 심장 질환, 정형외과, 심인성 질환이다. 특히 심장 질환 치료는 독일 병원 중에서 제일 먼저 시작되어 그 수준이 매우 높다. 재활환자를 위한 맞춤형 치료와 재활 훈련, 정신과 신체의 유기적인 회복 프로그램을 잘 갖추고 있다. 물리치료, 작업치료, 미술치료, 심리치료, 수중운동치료, 수 치료, 재활운동 등 다양한 치료가 준비되어 있어 환자의 재활 계획에 맞추어 체계적으로 제공된다. 심인성 질환의 1차 재활치료는 6주가 기본이고, 심장 및 정형외과의 1차 치료는 3~4주가 걸린다.

(1) 수(水) 치료

수(水) 치료는 몸에 외상을 입은 재활 환자들이 빠른 회복과 사회 적응을 할 수 있도록 360° 회전 물침대로 하는 물리치료 중 하나이다. 이후 상처에서 실밥을 제거하면 제대로 걷지 못하는 환자들을 위해 보행 재활을 할 수 있도록 소·대형 풀장 치료를 실시한다.

(2) 작업치료

재활 치료뿐만 아니라 환자들의 사회 적응까지 돌보는 치료도 하고 있는데, 이를 작업치료라고 한다. 작업치료실에서는 환자의 직업군에 따라 훈련 일정을 다르게 운영한다. 물리치료사는 운동 및 통증에 관해 환자와 대화를 나누면서 운동의 범위와 양, 방법을 조절한다. 환자들의 저장된 데이터는 주치의와 간호사실, 다른 치료실에서도 점검할 수 있다. 의사들은 전송된 데이터를 실시간으로 점검하면서 환자가 감당할 수 있는 운동을 지시한다.

(3) 정신장애 치료

현재는 외상을 경험한 산업 재해 환자들의 심리적 불안, 상실감, 좌절감도 함께 치료하며, 정신장애 분야에서도 두각을 나타내고 있다. 육체적인 상실과 고통은 곧 정신적인 장애로 이어질 수 있다는 생각에서 정신신체의학치료(psychosomatics)라는 진료 과목을 포함하였다. 보통 정형외과와 심장과에 입원한 환자들은 의사와 면담을 끝내고 통증 치료, 체력 강화, 마사지 치료를 받는데 이 과정에서 정신신체의학 치료가 병행된다.

치료과정에서 필요하다면, 산업 재해와 관련 있는 고용주를 면담하기도 하는 등 환자 개개인을 위한 세심한 배려를 치료과정에 포함시키고 있다. 또한 신선한 공기를 호흡하면서 단체 재활훈련을 하여 고립감을 극복하도록 하고, 신체적 한계와 일상생활에 복귀하기까지의 불편을 극복하는 과정에서 많은 심리적 위안을 받을 수 있도록 하였다.

3. 재활병원으로서의 특별한 노력

회엔리트 재활병원은 뮌헨 남쪽 60km에 있으며 울창한 숲과 호수를 끼고 있다. 7개동의 병원 건물은 대형 유리창이 달린 통로로 연결돼 있다. 몸이 불편한 환자의 이동

을 효율적으로 도와주면서도 언제나 자연을 감상할 수 있도록 설계했다. 한 폭의 수채화처럼 아름다운 알프스를 배경을 하고 있어 환자들의 마음까지  재활의 한 부분으로 여기고 있다는 걸 충분히 느끼게 해 준다.

(1) 환자를 배려한 병원 시설

환자에게 내 집 같은 친환경적인 병원을 목표로 하고 있다. 현관을 들어서면 타원형의 목조 안내실과 유리 및 철제로만 이루어진 카페테리아가 있어 병원이라는 생각이 들지 않게 하였다. 내부도 흰색 페인트로 칠해진 폐쇄공간이 아니라 다른 색깔의 유리창과 나무, 타일로 구역을 분할하고 있다. 또한, 환자들에게 사복을 입게 하여 스스로 환자임을 잊게 하고, 환자의 사생활 보호를 위해 1인실을 고집하고 있으며, 의료진도 환자 수에 비해 2배 이상 많도록 유지하고 있다.

(2) 식사 시스템

병실로 식사를 제공하지 않고, 대신 공동의 공간에서 함께 식사를 한다. 가정과 사회로의 복귀를 꾀한다는 측면에서 환자들에게 활동성을 부여하고 타인과 교류할 수 있는 시간을 제공하기 위함이다. 공동 식사 공간에서 환자들은 지정된 좌석에서 자신에게 맞춰진 식사를 별도로 제공받는다.

이렇듯 회엔리트 재활병원은 자연과 어우러진 시설과 섬세한 치료 프로그램, 환자 역할에서 벗어나 인간으로서의 존엄성을 회복할 수 있도록 노력하고 있다. 모든 면에서 환자의 심리까지 배려하고 있어 신체장애로 인해 고통스러운 환자들이 많이 선호하고 있다.

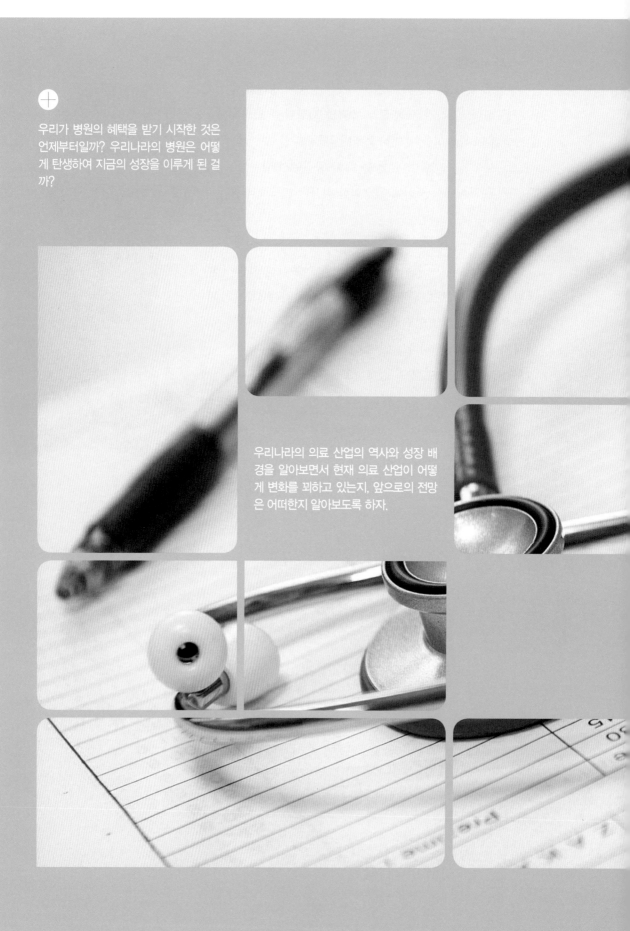

우리가 병원의 혜택을 받기 시작한 것은 언제부터일까? 우리나라의 병원은 어떻게 탄생하여 지금의 성장을 이루게 된 걸까?

우리나라의 의료 산업의 역사와 성장 배경을 알아보면서 현재 의료 산업이 어떻게 변화를 꾀하고 있는지, 앞으로의 전망은 어떠한지 알아보도록 하자.

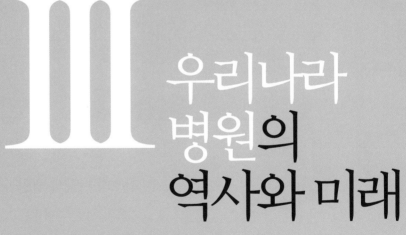

Hospital

Company

III

우리나라
병원의
역사와 미래

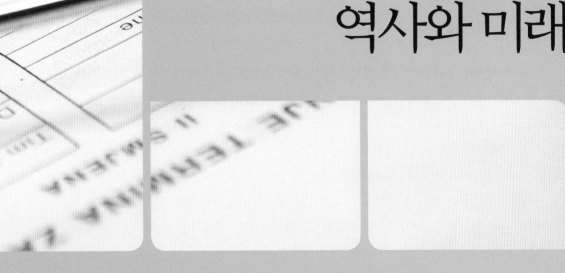

Hospital

01

우리나라 의료 산업의
탄생과 성장 과정

○ 복원된 광혜원 건물(왼쪽)과 세브란스 병원(오른쪽)

1. 최초의 서양식 병원과 의원(~1945년)

최초의 서양식 병원은 1885년 서울 종로구
재동에 설치된 광혜원이다. 광혜원은 같은 해에 제중원으로 이름이 바뀌었고, 1904년
세브란스 병원으로 개편되었다. 그 후 일제강점기에 1907년에 설립된 대한의원은 1910
년 총독부 의원으로 개칭되었다가 1928년 지금의 서울대학교 병원의 전신인 경성 제국
대학 의학부 부속의원으로 개편되었다.

당시 지방에는 일제에 의해 일본인 거류민 병원이 세워졌고, 일제강점기에는 일본인
사립병원이 한국인이나 외국인에 의해 세워진 사립병원에 비해 압도적으로 많았다. 또
한 도립병원이 설립되었고, 광복 이후에는 국립의료원, 국립정신병원, 국립나병원 등의
국립병원이 설립되었다.

2. 보건 의료 체제의 구축(1945~1977년)

6 · 25 전쟁 이후 전염병 관리, 의료 구호 등이 시급한 과제로 떠오르면서 1951년 「국민의료법」이 공포되었다. 전쟁 후 의료 시설 복구와 국민들에 대해 의료 대책의 시급성 때문에 제정되어 현행 의료법의 모체가 되었다. 1953년부터 전국에 보건소와 보건 진료소가 설치되기 시작했고 1955년에는 보건부와 사회부가 보건사회부로 통합되었다. 보건사회부에 의정국, 방역국, 약정국, 원호국, 부녀국, 노동국이 설치되었고, 공중보건을 위한 국가적 제도가 차근차근 마련되기 시작하였다.

1962년 이후에는 정책적 투자는 부족했지만, 공공부문을 통해 기초적인 필수 보건 의료 서비스의 제공 기반을 확충하고자 하였다. 특히 급성 전염병 질환 관리, 결핵 관리, 한센병 관리, 기생충 관리, 지역 보건망 강화 사업, 무의촌 대책, 생활 환경 개선 등이 보건 사업의 주를 이루었다. 그리고 1963년 급격한 인구 증가가 사회 발전에 저해 요인이 된다는 인식에서 베이비붐에 따른 높은 수준의 출산율을 낮추기 위해 가족계획 사업이 시작되었다.

3. 성장기 및 규모의 경쟁(1977~2000년)

(1) 의료 보험 제도의 시행

1977년에 「공무원 및 사립학교 교직원 의료보험법」이 제정되었고, 1979년 1월부터 실시되어 1989년에는 전 국민이 의료 보험의 혜택을 받을 수 있게 되었다. 이 같은 사회 보험 방식의 의료 보험 제도의 도입은 국내 보건 의료의 발전 과정에서 가장 획기적인 전환점이 되었다. 국민의 건강권 보장이라는 국가적 이념을 구현하기 위한 제도적 기틀이 마련되었고, 국민들의 의료 이용량이 폭발적으로 증가하여 아이를 출산했을 때 기

대 수명 및 영아사망률이 선진국 수준에 근접하였다. 또한 농어촌 지역에도 의사 인력 및 의료시설 등 보건 의료 자원이 확충되는 계기가 되었다.

그 외에도 정부의 의료 기관 설립에 대한 정책지원으로 의료 기관의 수가 1977년 234개에서 1982년에는 374개로 5년 만에 2배 증가하였다. 1982년 이후에도 5년마다 35% 정도의 높은 성장률을 기록하였다.

(2) 대형 종합병원의 설립 및 경쟁

1980년대 말부터는 기업들이 사회복지법인 형태로 대형 종합병원을 설립하였다. 병원 경영에 기업 경영 방식을 도입하여 진료 수준이 높아지고 의료 서비스의 향상이 촉진되었다. 하지만 병원의 초대형화는 대형병원으로 환자들이 집중되었고, 병원 간 경쟁이 치열해지면서 병상 수뿐만 아니라 고급 의료 장비도 경쟁적으로 늘어나게 되었다.

(3) 건강증진 중심의 정책 추진

1986년 세계보건기구는 세계 각국의 공중보건 정책을 건강증진 중심으로 전환할 것을 권고하였다. 우리나라도 1992년 정부의 보건정책에 암·성인병 등 만성질환의 예방을 위한 바른 건강생활의 정착이 추가되었다. 1995년에는 「국민건강증진법」을 제정하여 그동안의 급성질환 치료 중심의 보건 의료 체계에서 질병의 예방과 건강증진을 중시하는 보건 의료 체계로 전환하자는 인식이 확대되었다. 그리하여 1997년에 국민건강증진 기금을 조성하였고, 건강증진사업 추진을 위한 재원 마련을 위하여 담배에 대하여 건강 부담금을 부과하기 시작했다. 건강증진 정책 초기의 특징은 근본적인 보건 의료 체계의 전환을 시도하기보다는 보건소를 통하여 주로 금연, 절주, 운동, 영양과 같은 주민들의 삶의 변화에 초점을 둔 부가적 서비스를 제공하는 접근 방식을 채택하였다. 1998년에는 9개의 건강증진 거점 보건소에 고혈압, 뇌졸중 관리 등의 건강증진 사업을 지원하였고, 2005년부터는 모든 보건소에 대하여 건강증진 기금을 지원하기에 이르렀다.

4. 공공 보건 의료 확충과 의료 선진화(2000~2008년 이후)

우리나라 응급 의료 체계의 필요성은 1988년 서울올림픽 이후부터다. 올림픽 이후 외국인들과 전문가들이 이에 대해 지적하였고, 정부가 1991년 '응급 의료 체계 관리운영에 관한 규정'을 제정·공포하였다.

2002년에는 건강 증진 종합 계획을 수립하여 담배 광고 규제, 경고 문구 표기 의무화 등이 추진되었고, 2005년에는 새국민 건강증진 종합 계획을 수립하여 건강 생활 실천 분야, 정신 보건 분야, 구강보건 분야, 모자보건 분야, 만성 질환 관리 분야, 암 관리 분야 등으로 나누어 관리하기에 이른다.

5. 의료 산업의 국제화(2008~현재)

2008년 이후 의료 산업은 또 다른 단계로 접어들었다. 의료 산업을 국가 발전을 위한 미래 핵심 전략 산업으로 육성하고자 하는 의지가 강하게 나타났으며, 현재까지 그 흐름이 이어져 오고 있다. 이 시기에는 정부가 보건 의료 서비스의 국제화를 위해 외국 환자의 국내 유치와 의료서비스의 해외 진출을 활발히 추진하였다. 그 결과 해외 환자의 국내 유입이 꾸준히 증가하여 2013년에 약 21만 명의 외국인 환자가 국내에서 진료를 받았다. 또한 해외 20여 개 나라에 111개의 국내 의료 기관이 위탁 운영 형태로 진출하였다. 현재 국내 의료 시스템의 해외 진출은 정부 간 협력에 기반을 두어 활발히 진행되고 있다.

2009년부터는 신성장 동력 사업으로 선정된 글로벌 헬스케어의 인재 양성을 위하여 의료통역사, 의료 코디네이터, 병원 국제 마케터를 양성하고 있다.

(1) 의료통역사

의료통역사는 2009년부터 2011년까지 총 5개 국어(영어 · 중국어 · 일본어 · 러시아어 · 아랍어)에 해당하는 인력을 양성하였으며, 2012년부터 수요가 증가하고 있는 몽골어 · 베트남어가 추가되어 총 7개 언어에 대한 인력을 양성하고 있다.

(2) 의료 코디네이터

외국인 의료 코디네이터는 우리나라를 찾는 외국인 환자에게 언어 · 의료 · 행정적 지원을 하는 전문 인력이다.

(3) 병원 국제 마케터

병원 국제 마케터는 해외 환자 유치나 병원 해외 진출 등 의료 기관의 국제화 전반에 걸친 마케팅 전략 수립 및 의료 상품 개발 전문가이다. 이를 위해 국제마케팅 · 재무 · 법률 및 의료 상품 개발 등에 대한 교육을 받아야 한다.

02
의료 서비스 산업의 변화

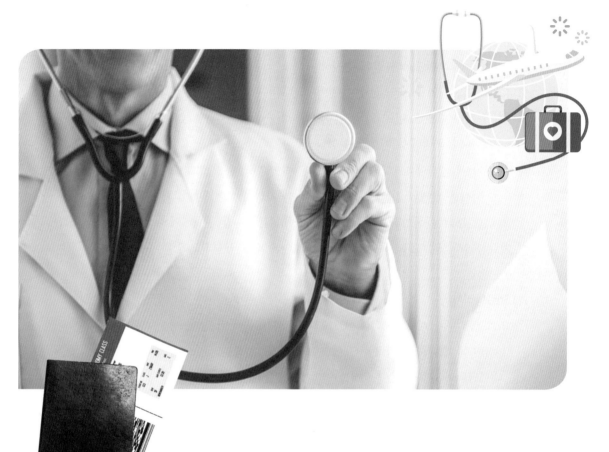

1. 소비자 중심의 시장 재편

　　기존의 경직된 서비스 공급과 공급자 중심의 서비스 공급은 이제 한계에 부닥치게 되었다. 수많은 의료기관이 등장하면서 병원 간의 경쟁력이 치열해지고 병원을 바라보는 환자의 시각도 변하여 병원은 지난날의 지위를 상실하고 다양한 의료시스템의 한 요소로 인식되고 있다. 이에 따라 의료서비스 시장은 기존의 공급자 중심의 구조에서 소비자 중심으로 전환되어 환자의 선호와 편의에 초점을 맞추어 의료서비스를 제공하는 다양한 시도가 이루어지고 있다. 이러한 변화는 외래진료나 재활치료뿐만 아니라 의료 산업의 시장 전반에 걸쳐 나타나고 있다.

2. 의료관광의 활성화

의료관광이란 의료서비스를 받기 위해 다른 곳으로 여행을 가는 활동을 말한다. 우리나라는 선진국 수준의 의료기술과 장비를 갖추고 있으면서 비용이 선진국에 비하여 저렴하여 우리나라로서는 상당한 경쟁력을 갖고 있는 분야이다.

2009년부터 정부는 적극적으로 의료관광 활성화를 위해 의료관광 비자 발급, 의료관광 유치기관 등록제 실시, 의료기관의 숙박업 및 부대사업 허용 등 다양한 지원정책을 펴고 있다. 그 결과 출발은 늦었지만 이제 가장 강력한 의료관광 산업국으로 성장하고 있다.

국내를 방문한 외국인 환자 수는 2009년 의료법 개정 이후 연평균

34.7%의 성장률을 보이고 있으며, 2009~2014년 동안 90만 명의 환자 유치로 진료수입이 1조 5,000억 원 이상을 달성했다. 국내 의료 기관의 해외 진출은 2014년 19개국에 총 125건이 진출한 것으로 조사되었으며 이는 2010년 대비 115% 성장한 결과이다.

보건복지부 자료에 따르면 외국인 환자 1명의 평균 진료비는 374만 원, 국내 환자 1명의 평균 진료비는 99만 원으로 외국인 환자가 훨씬 더 많은 진료비를 지급하고 있다. 또한 외국인 환자는 가족을 동반하는 사례가 빈번하기 때문에 국내 환자보다 경제 효과가 상당히 높다. 따라서 현재 전국의 지자체별로 의료관광을 육성하기 위해 지원센터 등의 부서를 구성하고, 의료 관광 관련 지방자치단체 사업을 날로 증가하는 추세로, 붐이 조성되고 있는 상황이다.

또한 의료 관광 추진에 있어서 국가별 전략을 세워 홍보 활동을 펼치고 있는데, 미국 교민에게는 건강 검진과 전문 시술 및 치과 치료, 러시아와 몽골 인들에게는 건강 검진을 통한 질병 치료, 일본인들에게는 메디컬 스킨케어와 미용 치료 및 한방, 중국인들에게는 성형과 중증 치료 및 치과 치료, 아랍 인들에게는 당뇨와 비만에 관련된 전문 치료 등 국가별 의료 분야를 세분화하여 상품을 개발하고 있다. 한 조사에 의하면 가장 가고 싶은 의료 관광국에 우리나라가 뽑혔으며 특히 선진국 여성들에게 인기가 높은 것으로 나타났다.

03
의료 산업의 미래

1. 의료 산업의 성장 전망

최근 의료 산업은 고부가가치 및 고용 창출 가능성이 높은 산업으로 주목받고 있다. 국가 경쟁력 제고는 물론 양질의 의료 서비스 제공과 일자리 창출 등이 가능하므로 더욱 중요해졌다. 정부에서도 서비스산업 발전 기본법 제정 등을 통해 의료 산업의 활성화를 위해 노력하고 있다.

2016년 의료 산업 동향분석에 따르면, 2015년은 GDP 대비 5.2%(약 80조 원), 2016년은 5.5%(약 86조 원), 2017년은 5.8%(약 93조 원)이 될 것으로 예측되었다. 앞으로도 의료 산업의 규모나 비중은 커질 전망이다. 이러한 성장은 고령화, 소득증대, 관련 제도 및 정책적 변화 등 다양한 사회·경제적 요인부터 미래형 헬스케어(건강관리) 분야의 확대와 모바일 헬스 및 각종 기기의 활용, 의료 소비자의 확대, 환자의 국가 간 이동 증가와 의료 산업의 해외 진출 때문일 것으로 예측되고 있다.

보건 의료서비스의 수요 증가와 고령화로 인한 의료비 지출도 당연히 증가할 것이다. 또한 양질의 의료서비스를 선호하는 소비자들의 보건의료 관련 지출이 지속적으로 확대되며, 고령화 문제로 향후 10년간 부양 비율 증가세가 지속될 전망이다. 따라서 고령 인구 및 만성질환의 증가, 경상 의료비 증가에 비해 낮은 경제 성장률을 고려하면 적정 수준의 의료비를 유지하면서 질적으로 우수한 서비스 제공 체계를 마련하는 것이 필요하다.

2. 미래 의료 산업의 이슈별 전망

4차 산업혁명으로 인해 의료 산업 전반의 패러다임이 변화할 것으로 전망된다. 지불 제도의 변화, ICT 기술과 생명공학, AI의 발달 등으로 인한 의료 산업의 기술 혁신이 가속화될 것으로 전망된다.

(1) 헬스케어 시장의 활성화

우리나라의 경우 원격의료는 의사-의료인 간 원격의료를 허용한다. 정부는 원격의료 시범사업을 추진하고 점차적으로 범위를 확대하고 있으나, 아직까지 관련 규제가 강하기 때문에 국내 관련 기업들은 해외로 진출하는 경향이 강하다. SK텔레콤과 분당서울대병원은 국내와 중국, 중동, KT도 연세의료원, 부산대병원 등과 협력하여 해외에서 진단솔루션 개발과 디지털 헬스케어 시범사업을 추진 중이다.

특히 모바일 기술을 보건의료와 접목한 '모바일 헬스(m-health)'는 헬스케어 산업의 새로운 패러다임을 창출할 것이다. 전 세계 모바일 건강시장은 2020년에 588억 달러 규모로 전망되며, 연평균 40% 이상 성장할 것으로 기대된다.

(2) 정밀의료 및 임상의사결정시스템

정밀의료(precision medicine)란 개인의 환경, 생활양식, 유전자 특성 차이를 감안하여 질병을 예방하고 치료하는 방법이다. 특히 미국에서 가장 활발한데, 국내에서도 2015년 미국과 협약을 체결하여 정밀의료를 중점분야로 육성하고자 노력하고 있다.

⬆ 2020년 개원 예정인 칭다오세브란스병원 조감도

임상의사결정지원시스템(DSS, Clinical Decision Support System)은 의료진의 임상 의사결정을 지원 또는 보조하는 시스템으로, 예방, 진단, 치료, 예후 등 모든 의료 단계에 적용이 가능하다. 짧은 시간에 많은 환자들을 치료해야 하는 상황에서 최신 의학정보들을 환자 진료에 활용해야 하는 의사들의 결정을 지원하기 위해 개발되었다. 국내의 경우, 가천대 길병원에서 대장암, 직장암 등 암 환자 치료에 활용하고 있다. 서울아산병원은 AI 의료영상 관리 및 처리 시스템 구축을 위해 프로젝트를 진행 중이다. 향후 2021년 연평균 12.2% 성장할 것으로 전망되나 자료 공유 등 법률적 문제와 환자 개인 자료의 유출 가능성 등에 대한 해결방안의 모색될 필요가 있다.

(3) 환자중심의료

환자중심의료(Patient-Centered Care)란 환자가 의료에 적극적으로 참여하는 것의 의미하는데, 그 중요성이 증가하고 있다. 과거 의료서비스 제공자 중심에서 최근에는 환자 중심의 의료서비스로 전환되고 있는 것이다. 기존에는 환자가 병원에 와서 검사를 받아서 생성되는 의료 데이터를 의료진만 볼 수 있었으나, 이제는 환자가 스마트폰, 웨어러블 기기, 유전정보 분석 등 다양한 방법을 통해 자신의 의료데이터를 직접 확인할 수 있다. 이를 통해 환자의 지식이 축적되고 다양한 의학 정보의 습득가능, 치료 기술발전 등으로 인해 진료과정에 환자의 능동적 참여가 가능해 지고 있다.

OECD와 WHO 등 여러 기관의 의료체계 평가지표에도 환자중심의료 서비스에 대한 항목이 추가되고 있는 걸로 보아 향후 국내에서도 의료기관서비스평가

등에 반영되면서 정책적 활용도 증가할 것으로 예상된다. 국내에서는 서울아산병원과 한양대 병원에서 모바일 앱을 통해 환자들에게 건강관리를 위한 정보 제공 및 환자 경험을 제공하고 있다.

(4) 글로벌 경쟁 시대의 가속화

최근 의료 산업의 글로벌화를 통해 외국환자 유치를 위한 국가 간 경쟁도 심화되고 있다. 현재 국내 의료기관의 해외 진출은 기존의 성형, 피부미용 중심의 중소형 의원급 형태의 진출에서 전문화된 중대형 규모 중심의 다양한 진료과목 진출로 다변화되고 있는 추세이다.

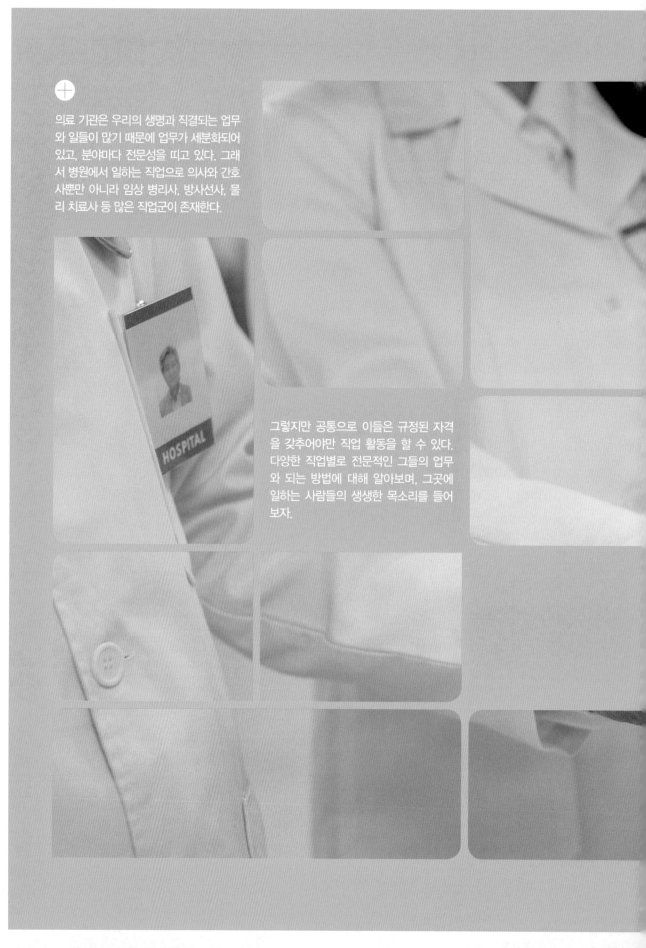

의료 기관은 우리의 생명과 직결되는 업무와 일들이 많기 때문에 업무가 세분화되어 있고, 분야마다 전문성을 띠고 있다. 그래서 병원에서 일하는 직업으로 의사와 간호사뿐만 아니라 임상 병리사, 방사선사, 물리 치료사 등 많은 직업군이 존재한다.

그렇지만 공통으로 이들은 규정된 자격을 갖추어야만 직업 활동을 할 수 있다. 다양한 직업별로 전문적인 그들의 업무와 되는 방법에 대해 알아보며, 그곳에 일하는 사람들의 생생한 목소리를 들어보자.

Company

Hospital

IV

우리가
만나는 병원 속
직업들

01
의사

1. 의사란?

　　의사는 일정한 자격으로 가지고 의술과 약으로 병원 치료하고 진찰하는 직업에 종사하는 사람을 말한다. 과거에는 인체를 형이상학과 분리해서 생각할 수 없었기 때문에 의사와 종교인을 구분하기 어려웠다. 계몽주의 시대가 되어서야 유럽에서 과학적 근거들이 축적되어 인간을 보는 시간에도 변화가 생겨 인체에 대한 해석에 형이상학적인 시도들이 제외되기 시작하였다.

　　13세기에 의사를 양성하는 대학이 설치되었고, 18세기에는 의사법이 제정되고 사회적 지위가 법적으로 확립되었다. 우리나라는 1899년에 처음 의사를 양성하기 시작하였다.

　　현행 의료법은 의료인을 의사, 치과 의사, 한의사, 조산사, 간호사의 5종으로 구분하고 있다. 의사 면허는 국가에 한정되는 경우가 많아 진료하려는 국가의 면허를 취득해야만 진료를 할 수 있다. 만약 다른 나라에서 진료를 하고 싶다면, 다시 예비고시를 치른 후 그 나라의 면허를 반드시 취득해야 한다.

2. 의사가 하는 일

일반적으로 의사는 환자의 상처, 질병, 통증 등의 원인을 찾아내어 치료하고, 손상된 신체를 복구하고 재활시켜 사회에 복귀할 수 있도록 돕는 일을 한다. 혈액 검사나 소변 검사, 방사선 촬영 등의 검사를 통해서 병의 원인을 찾고, 수술을 하거나 치료 후 경과 및 주의사항을 환자와 가족에게 알려준다. 전공 분야에 따라서 하는 일이 굉장히 다른데, 외과는 주로 수술을 하고, 내과는 필요한 경우에만 내시경을 이용해 수술을 한다.

특히 환자의 질환이 복합적일 경우, 치료를 위해서 많은 진료과와 협업이 필요한 경우가 많으며, 간호사 및 마취과 등 여러 의료진과 환자 상태와 의학 지식을 공유하고 논의하여 치료 계획을 결정하게 된다.

대학 병원이나 종합 병원에서 근무하는 의사는 많은 수의 환자를 대상으로 외래 진료 및 수술, 입원 환자 진료까지 포함하여 좀 더 복잡한 질환을 치료하고 수술하는 등 다양한 업무를 소화하고 있다. 의사의 주요 업무는 환자를 진료하고 처방을 내리는 일이지만 대체적으로 의사는 환자를 치료하는 임상과 치료법 및 의학 기술에 대한 연구를 병행해야 하는 직군이다.

의대를 졸업할 때 선서하는 〈제네바 선언문〉을 살펴보면, 의학 윤리와 의사의 업무를 짐작해 볼 수 있다.

제네바 선서

의업에 종사하는 일원으로서 인정받는 이 순간에,
1. 나는 인류에 봉사하는 데 내 일생을 바칠 것을 엄숙히 맹세한다.
2. 나는 마땅히 나의 스승에게 존경과 감사를 드린다.
3. 나는 양심과 위엄을 가지고 의료직을 수행한다.
4. 나는 환자의 건강을 최우선하여 고려할 것이다.
5. 나는 알게 된 환자의 비밀을 환자가 사망한 이후에라도
   누설하지 않는다.
6. 나는 나의 능력이 허락하는 모든 방법을 동원하여 의료직
   의 명예와 위엄 있는 전통을 지킨다.

7. 동료는 나의 형제며, 자매다.

8. 나는 환자를 위해 내 의무를 다하는 데 있어 나이, 질병/장애, 교리, 인종, 성별, 국적, 정당, 종족, 성적 성향, 사회적 지위 등에 따른 차별을 하지 않는다.

9. 나는 위협을 받더라도 인간의 생명을 그 시작에서부터 최대한 존중하며, 인류를 위한 법칙에 반하여 나의 의학지식을 사용하지 않는다.

10. 나는 이 모든 약속을 나의 명예를 걸고 자유 의지로서 엄숙히 서약한다.

3. 의사가 되는 방법

의사가 되기 위해서는 오랜 학업과 수련 과정을 거쳐야 한다. 의과 대학에 입학하여 의예과 2년, 의학 본과 4년, 총 6년을 공부한다. 의예과에서는 의학 및 기초 과학, 의료인으로서 필요한 교양, 외국어 등을 학습하며, 본과에서는 의학 이론 및 임상 실습을 주로 배운다.

의과 대학에 입학하지 못한 경우에는 4년제 일반 대학을 졸업한 후 의학 전문 대학원에 입학하여 4년 동안 공부한 후에 한국보건의료인 국가시험원에서 실시하는 의사 자격시험에 합격하면 보건복지부에서 발급하는 의사 면허증을 받을 수 있다. 의사 면허를 취득한 후에는 수련 여부 및 기간에 따라 의사도 세부적으로 나뉠 수 있다.

❶ **일반의 과정:** 의사 면허를 취득한 후 특정한 전문 분야를 선택하지 않고 진료하는 의사를 일반의라고 한다. 이후 국가에서 지정한 수련 지정 병원에서 1년간 인턴 과정을 거치고, 임상 수련을 위해 3~4년 간의 레지던트 과정을 거쳐 다시 전문의 자격시

험에 합격하면 전문의 자격을 얻을 수 있다.

❷ **전문의 과정:** 전문의는 의사 면허를 취득한 후 인턴 및 레지던트 과정을 모두 마치고, 전문의 시험에도 합격한 사람이다. 의사 면허를 취득한 일반의가 1년간의 인턴 과정과 특정 전문 분야에서 3~4년간의

전문의 훈련 과정(레지던트)을 거친 후 국가에서 실시하는 전문의 자격시험을 볼 수 있다. 전문의 자격시험에 합격하면 보건복지부 장관이 수여하는 전문의 자격증을 발급받아 전문의로 활동할 수 있다.

전문의의 종류는 총 26가지로, 23개의 임상 의학 분야에 병리과, 핵의학과, 산업의학과 3개가 있다. 임상 의학에는 내과, 신경과, 정신과, 외과, 정형외과, 신경외과, 흉부외과, 성형외과, 마취통증의학과, 산부인과, 소아청소년과, 안과, 이비인후과, 피부과, 비뇨기과, 영상의학과, 방사선종양학과, 진단검사의학과, 결핵과, 재활의학과, 예방의학과, 가정의학과, 응급의학과의 23가지가 있다.

❸ **전문의 이후 과정:** 대학 병원에 남으려면 전문의 자격을 얻은 뒤에 다시 2년 동안의 펠로우(전임의) 과정을 거쳐야 한다. 전임의는 전문의 면허를 취득한 후 대형 병원에서 1~2년간 자신의 전공과목에 대해 추가적인 공부를 하는 의사를 말한다. 전임의 과정을 마치면 분과 전문의 시험을 볼 수 있고, 이 시험에 통과하면 교수나 연구의가 될 수 있다.

참고로 의사 자격을 취득한 이상 진료 과목에 법적 제한이 없기 때문에 일반적으로는 일반의나 전문의더라도 모든 과목의 진료가 가능하다. 의료법 시행규칙에 따라, 간판을 통해 일반의와 전문의를 구별할 수 있도록 세부적으로 규정해 놓고 있다.

4. 의사의 직업적 전망

의사의 노동 강도는 어떨까? OECD 평균 의사 1명당 진료 환자 수로 비교해 보면, 우리나라는 1년간 6,809회의 외래 진료량을 기록했는데 OECD 평균이 2,156회임을 고려해 보면, 우리나라 의사는 3배 이상 더 일한다고 할 수 있다. 물론 진료 시간이 10~15

분으로 굉장히 짧지만, 그만큼 많은 환자를 진료하고 있다. 또한 국민 1인당 의사의 외래 진료는 연간 2015년 기준 16건으로 지속적으로 증가하고 있으며, 일본(12.7건), 독일(10.0건), 캐나다(7.7건) 등 비교대상 국가에 비해 높은 수준이다.

의사 면허를 취득하면 일반적으로 의료 기관을 개원하거나 의료 기관에 취업할 수 있다. 일반의로서 개원하는 경우도 있지만, 대부분 전문의 자격을 취득한 후에 개원을 한다. 그 밖에 제약업계, 연구 기관, 국가직 공무원, 언론계(의학 전문 기자) 등 진출 경로가 점차 다양해지고 있다. 특히 최근에는 제약업계나 바이오, 생명 공학 회사 쪽으로 진출하는 의사가 늘고 있다. 이들은 환자를 위한 약물 개발과 개발된 약물이 바르게 쓰일 수 있도록 하는 일(제약의학) 등에 종사한다. 그리고 보건복지부, 질병관리본부, 식품의약품안전처, 보건소 등 공공 분야에서 일하기도 한다.

현재 레지던트 기간 다각화, 인턴제 폐지, 한방과의 일원화 여부, 의사 수 부족, 수가 문제 등 관련 쟁점에 대한 논의가 행정부 차원에서 이루어지고 있다. 이러한 쟁점에 대한 논의 결과에 따라 향후 의사 직업의 전망에 영향이 있을 것으로 예측된다.

주요국의 국민 1인당 의사의 외래 진료(2000~2014)

※자료: OECD Health Data

구분	2000년	2005년	2006년	2007년	2008년	2009년	2010년	2011년	2012년	2013년	2014년
캐나다	7.4	7.8	7.6	7.6	7.7	7.6	7.7	7.8	7.7	7.6	–
프랑스	6.9	7	6.8	6.8	6.7	6.7	6.7	6.8	6.7	6.4	6.3
독일	7.7	8.1	7.9	8.1	8.6	9.2	9.9	9.7	9.7	9.9	9.9

구분	2000년	2005년	2006년	2007년	2008년	2009년	2010년	2011년	2012년	2013년	2014년
일본	14.4	13.7	13.6	13.4	13.2	13.1	13.1	13	12.9	12.8	–
한국	–	11.8	–	–	12.9	12.9	12.9	13.2	14.3	14.6	14.9
영국	5.3	5	5.1	5	5.9	5	–	–	–	–	–
미국	3.7	4	3.8	4	3.9	4.1	4	–	–	–	–

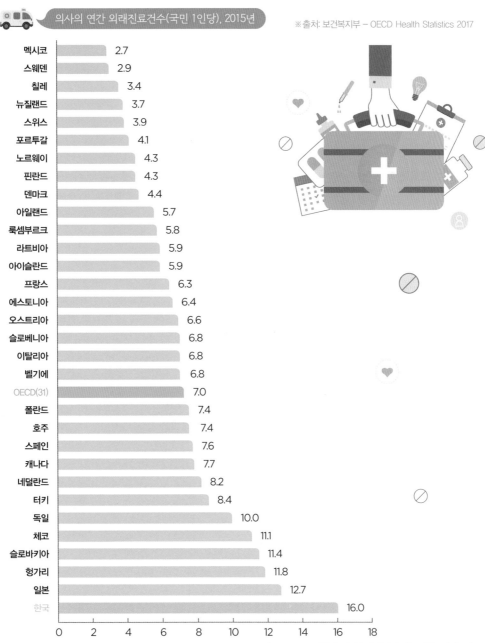

의사의 연간 외래진료건수(국민 1인당), 2015년

※ 출처: 보건복지부 – OECD Health Statistics 2017

국가	건수
멕시코	2.7
스웨덴	2.9
칠레	3.4
뉴질랜드	3.7
스위스	3.9
포르투갈	4.1
노르웨이	4.3
핀란드	4.3
덴마크	4.4
아일랜드	5.7
룩셈부르크	5.8
라트비아	5.9
아이슬란드	5.9
프랑스	6.3
에스토니아	6.4
오스트리아	6.6
슬로베니아	6.8
이탈리아	6.8
벨기에	6.8
OECD(31)	7.0
폴란드	7.4
호주	7.4
스페인	7.6
캐나다	7.7
네덜란드	8.2
터키	8.4
독일	10.0
체코	11.1
슬로바키아	11.4
헝가리	11.8
일본	12.7
한국	16.0

주: 1) OECD: 2015년(혹은 인접년도) 통계가 있는 회원국의 평균임.
2) 뉴질랜드 · 포르투갈 · 스위스(2012), 체코 · 이탈리아(2013), 칠레 · 프랑스 · 아이슬란드 · 일본 · 스페인(2014)
(단위: 건)

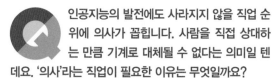

내과 의사의 주요 업무는 무엇인가요?

내과 의사의 주요 업무는 입원 환자의 회진, 외래 진료, 전공 분야와 관련된 여러 가지 시술 등입니다. 아침에 출근하면 정규 업무가 시작되기 전 입원 환자를 담당하는 전공의와 함께 병실 회진을 돕습니다. 이 시간은 진단을 하기 위해 어떤 검사를 하게 되며, 검사 결과는 어떤지, 어떤 치료를 받는지 등에 대해 환자들에게 설명하고, 환자와 보호자가 궁금한 사항에 대해 설명해 주는 시간입니다.

회진을 마치면 전공의와 함께 검사 결과를 바탕으로 추후 필요한 검사는 없는지 진단이 된 환자를 치료하기 위해 어떤 과정을 선택할지 등을 토론하는 시간을 갖습니다. 수술실에서 하루 일과를 시작하는 외과 의사와는 달리 내과 의사들은 아침 회진 후 9시부터는 외래 환자를 보거나 각각의 전공 분야에 해당하는 일을 시작하게 됩니다. 외래 환자 진료는 흔히 접할 수 있는 의원에서의 진료와 다르지 않으나, 대학 병원과 같은 종합 병원일수록 더 복잡하고 다양한 질환의 환자를 진료하게 됩니다. 소화기내과 의사의 경우 위와 장, 그리고 간과 담도 및 췌장의 질환에 대한 진단과 치료의 일을 합니다. 그중 가장 중요한 검사인 내시경을 통한 진단과 치료를 합니다. 최근 눈부신 기술의 발전과 더불어 내시경에서도 많은 발전이 있어 아주 미세한 병변도 발견할 수가 있게 되었고, 또한 예전 같으면 반드시 수술적 절제를 해야 하는 경우도 선택적으로 내시경을 통한 절제술을 시행하기도 합니다.

인공지능의 발전에도 사라지지 않을 직업 순위에 의사가 꼽힙니다. 사람을 직접 상대하는 만큼 기계로 대체될 수 없다는 의미일 텐데요. '의사'라는 직업이 필요한 이유는 무엇일까요?

인공지능의 발달로 인해 미래에는 분명 의사가 하는 일도 일부 인공지능에 의해 대체되는 부분이 생길 것이며, 특히 진단 검사 의학, 병리, 영상 판독 등과 같이 정형화된 기준이 있는 분야의 경우에 해당될 것입니다.

미국에서는 IBM사에서 만든 '왓슨'이라는 인공지능 컴퓨터가 현재까지 발표된 수많은 의학 교과서, 논문, 리뷰, 가이드라인, 임상 실험 자료를 학습하여, 환자의 상태를 입력하면 최적화된 치료를 알려 준다고 합니다. 왓슨은 미국 유명 병원과 일부 한국의 병원에서도 사용하고 있지만, 환자 치료를 결정하는 마지막 판단은 결국 의사가 해야 합니다. 굴뚝에서 연기가 올라갈 때 어디로 올라갈지 예측할 수 없듯이, 사람의 신체도 마찬가지입니다. 아무리 많은 자료가 있더라도, 눈을 언제 깜박일지, 심장이나 위, 장과 같은 장기가 언제 어떻게 움직일지 정확히 예측하기는 불가능합니다. 물론 어느 정도 규칙을 파악할 수 있겠지만, 인간의 몸

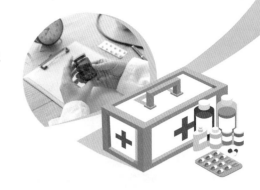

> 의사의 덕목 중 가장 중요한 건 **환자와의 교감**입니다.
> 교감을 위해서 가장 중요한 것은 **스스로의 몸을
> 먼저 낮추는 것**이라 생각합니다.

은 훨씬 더 다양하고 많은 변수를 가지고 유기적으로 움직이고 있죠.

그러므로 인간의 건강과 생명을 결정하는 판단은 의사가 해야 하는 겁니다. 한 치의 오차가 생사를 결정하는 경우, 통계로 결정되는 기계에 스스로의 생명을 맡기는 사람은 없을 것으로 생각됩니다.

Q **일하시면서 보람을 느꼈을 때는 언제인가요?**

의사는 환자가 다시 건강을 되찾았을 때 누구보다도 보람을 느낍니다. 환자의 장기를 제거함으로써 치료하는 외과 의사와 달리, 내과 의사는 환자의 신체를 보존하면서 치료를 하는데요, 환자에게 건강을 찾아 주었을 때 많은 보람을 느낍니다. 스스로, 그리고 모든 가족들에게 청천벽력과도 같은 식도암 또는 위암을 진단받고 병원에 와서 장기를 절제하지 않고, 내시경으로 치료를 하며, 3일 후 퇴원하면서 바로 일상생활에 복귀를 하는 모습을 보면 정말 보람을 느낍니다.

특히 기억나는 환자가 있습니다. 음료수병에 든 화학 물질을 실수로 한 모금 삼키면서 그 화학 물질이 지나간 식도와 위가 녹아내려 궤양이 생기고, 또 그 궤양이 치료되면서 생긴 협착으로 위와 식도의 구멍이 좁아져서, 직장 생활은 물론이고 식사도 할 수 없어 결국 식도와 위를 다 떼어 내야 한다고 권유받았던 한 젊은 남자 환자가 있었습니다. 하지만 좁아진 식도와 위를 조심스럽게 몇 번에 나누어 내시경 칼로 절개하여 넓힌 후 정상적인 식사를 할 수 있게 되었습니다. 이후 정상적인 사회 생활을 하면서 몰라보게 얼굴도 좋아지게 되었죠. 그렇게 혼자서 외래를 다니던 환자가 어느 날, 한 여자분과

함께 찾아왔습니다. 다음 달에 결혼을 하게 되었다며, 너무너무 고맙다는 인사를 하시더라고요. 그 환자를 보면서 소화기내과 의사로서 보람을 많이 느꼈습니다.

Q **의사의 덕목 중 가장 중요한 건 무엇일까요?**

가장 중요한 건 환자와의 교감입니다. 교감을 위해서 가장 중요한 것은 스스로의 몸을 먼저 낮추는 것이라 생각합니다. 옛날 수련의 시절에는 의사가 내뱉는 말은 바로 법적인 구속력을 가지므로, 의사는 어디서든 '나의 실수다, 내가 잘못했다'라는 말을 함부로 내뱉지 말라고 들었죠. 하지만 어느 시골 병원에서 공중 보건 의사로 근무하면서, 의사와 환자와의 교감이 무엇인지 배웠습니다. 환자, 그리고 병원 동료들 앞에서 몸을 낮추어 교감과 소통을 위해 애쓸수록, 저보다는 그들이 먼저 저에게 손을 내밀고, 감사하는 마음을 보이며, 더욱 두터운 신뢰로 다가왔습니다. 덕분에 환자를 대하는 저의 생각이 많이 달라졌죠. 그곳에서 진짜 많이 배웠어요. 그 시절이 저에게는 환자와의 교감이 얼마나 중요한지를 깨닫게 한 시간이었죠. 의사로서 갖춰야 할 덕목이랄까, 한 단계 더 도약할 수 있는 계기를 만들어 줬습니다.

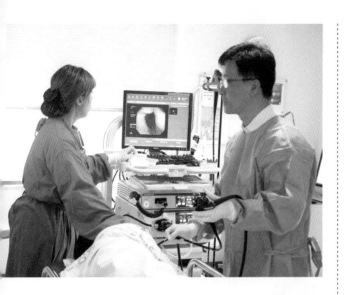

의사 일을 후회한 적은 없으세요?

힘든 적은 있었지만, 후회한 적은 없었던 것 같아요. 힘든 순간을 넘기는 게 어려운 일이긴 한데, 그 뒤엔 보람이 있고, 그로 인해 뭔가를 할 수 있는 능력이 생기니 참 좋은 직업인 것 같아요. 저는 또다시 선택하라고 해도 소화기내과, 그리고 식도와 위를 보는 상부 위장관 파트를 할 거 같아요.

의사가 되기 위해 어떤 과정을 거치셨나요?

의과 대학에서 의예과 2년, 본과 4년을 거친 후 의사 국가시험을 치렀습니다. 이후 1년의 인턴 과정 동안 대학 병원에서 많은 임상과를 돌면서 각 과의 업무를 경험하고, 적성에 맞는 과를 선택해서 4년의 레지던트 수련을 받습니다. 이 과정을 모두 마치면 남자들은 3년간 군 복무를 하거나, 군 복무에 준한 공중 보건 의사로서 같은 기간을 보냅니다. 군대를 마친 후에는 전공과에 대해 좀 더 전문적인 수련을 받기 위해서 전임의 과정을 1년 또는 2년 더 수련합니다. 즉, '의사'라는 이름을 얻기까지는 6년이 걸리고 '내과 의사'라는 이름을 얻기까지는 11년, 그중에서도 '소화기내과 의사'라는 이름을 얻기까지는 13년의 시간이 걸린 셈입니다.

의사라는 직업을 선택한 이유는 무엇인가요?

솔직히 진로를 결정할 시기인 고등학교 때는 의사를 꼭 해야 한다는 사명감은 없었어요. 중고등학교 시절 직업을 결정할 때는 막연히 멋있어 보이는 직업, 사회에서 흔히 말하는 잘 나간다고 하는 직업, 그리고 부의 축적을 많이 할 수 있는 직업, 그것이 나의 미래를 행복하게 만들 수도 있지 않을까 하는 생각들을 할 때가 있잖아요.

고등학교 때는 과학, 특히 화학에 관심이 많았어요. 하지만 부모님은 제가 의사와 더 맞다고 생각하셨는지 의대를 권유해 주셨습니다. 다시 생각해 봤죠. 아직 성인이 아닌 시기에는 아무리 신체적인 성장이 되었다고 하더라도, 미래를 결정하는 데 필요한 정신적인 성장이 다 되지 않았기 때문에, 중대한 결정을 할 때는 주변 사람들의 조언이 꼭 필요하다고 생각했습니다. 특히 나를 어렸을 때부터 봐 오신 부모님의 판단은 어쩌면 저보다 더 정확하지 않을까 생각했습니다. 부모님을 믿고 따른 그 결과는 대만족이었죠. 의대에 입학 후 제가 모르는 제 적성을 늦게야 찾은 것 같았습니다. 저는 직업을 선택하기 위한 전공을 결정할 때 부모님 그리고 선생님의 조언을 귀 기울여 듣는 것이 좋은 선택 방법 중 하나라고 생각합니다.

의사라는 직업은 종종 죽음과 마주해야 하는데 그런 것이 힘들지는 않으세요?

당연히 힘들죠. 허무하기도 하구요. 의사라는 직업에서 생기는 가장 큰 스트레스 중의 하나는 누군가 죽는 것을 보는 것입니다. 그것도 의사 면허를 갖게 되는 젊은 나이부터 말이죠. 어떠한 죽음도 대면하기에 힘들지 않은 죽음은 없다고 생각합니다. 마음 속 생각은 어떤 사람이든 다 마찬가지라고 생각합니다. 하지만, 의사가 다른 사람들보다 더 힘든 것은 그 죽음을 피하게 해 보려고 죽을 만큼 노력을 하는데도 그 죽음이 찾아오는 것을 받아들여야 한다는 겁니다. 내가 열심히 치료하던 환자가 죽는다는 그 절망감, 그리고 혹시 내가 더 잘했으면 이 환자를 살리지는 않았을까 하는 자괴감, 누군가 나에게 그 죽음의 책임을 묻지는 않을까 하는 작은 불안감까지 많은 생각들이 교차하게 됩니다. 의사로서 죽음을 마주하게 되는 것을 피할 수는 없습니다. 때문에 환자에게 부끄럽지 않게 최선을 다해야 하는 거죠. 내 환자를 꼭 살릴 수 있다는 책임감, 사명감을 가지고 말입니다. 그럼에도 오게 되는 죽음을 겸허히 받아들이게 될 때까지는 또 많은 시간과 경험이 필요한 것 같습니다.

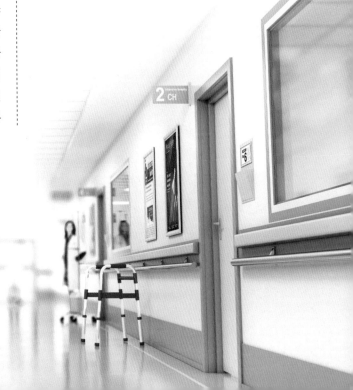 **결국 책임감, 즉 사명감이 필요하군요.**

예, 의사는 설령 집안에 문제가 있거나 일이 생겨도 약속한 시간에 나와서 환자를 치료해야 합니다. 의사로서 환자를 맡는다면 어떻게 해서든 환자를 나을 수 있도록 해야 합니다. 자기가 그 환자를 책임질 수 있는 능력을 스스로 배양하는 것은 물론이고, 내 한계 이상이라면 동료나 선배 의사의 도움을 받아서라도 치료가 되게 해야 하죠. 건강을 담보로 한 책임감, 그것을 감당할 수 없다면 이 일을 하지 말아야 한다고 봅니다.

의사에게 가장 중요한 자질은 무엇일까요?

의사에게 가장 중요한 자질은 '실력'이라고 봅니다. 의대에 입학하면 이런 질문을 많이 받아요. 너는 인간적인 의사가 될래, 실력 있는 의사가 될래. 제 생각엔 둘 중의 하나를 선택해야 한다면 전 실력이 있는 의사가 되어야 한다고 생각합니다. 의사는 환자의 건강을 책임지기 위해 냉철한 판단을 하고, 때로는 따끔한 충고도 해야 하는 직업입니다. 따라서 그 책임감을 다하기 위해서는 끊임없이 실력을 키워야 합니다. 또 하나 가져야 할 자질은 튼튼한 체력이라고 생각합니다. 공부를 할 때도, 환자를 볼 때도 지치지 않는 체력이 무엇보다 필요한 조건이라고 할 수 있습니다.

의사가 되고 싶은 청소년들에게 한 말씀해 주세요.

세상에는 수많은 직업이 있습니다. 사람들은 다양한 목적을 위해 직업을 선택하게 됩니다. 흔히 직업을 갖는 목적이라고 하면 첫 번째로 생계유지를 위해 돈 버는 것을 꼽죠. 두 번째로는 '그 일을 통해 얼마나 보람을 느끼는지, 그 보람을 통해 평생 그 직업을 지속할 수 있느냐' 라는 부분도 분명히 해야 합니다. 사명감이죠. 특히 의사들에게 가장 필요한 마음가짐인 것 같습니다. 다른 직업과 달리 의사는 환자의 생명을 위해 스스로의 생활을 희생해야 하는 경우가 많습니다. 따라서 의사라는 직업을 가지고 싶다면, 스스로 생각한 보람을 찾을 수 없더라도, 경제적인 부를 얻을 수 없더라도, 환자의 손을 놓치지 않은 그런 소명의식이 나에게 있는지 한번 돌아보는 것이 필요할 것 같습니다. 노력하는 만큼 부가 축적되지 않을 수도 있지만, 가슴을 꽉 채우는 보람을 느낄 수 있는 직업이 바로 의사니까요.

02
치과 의사

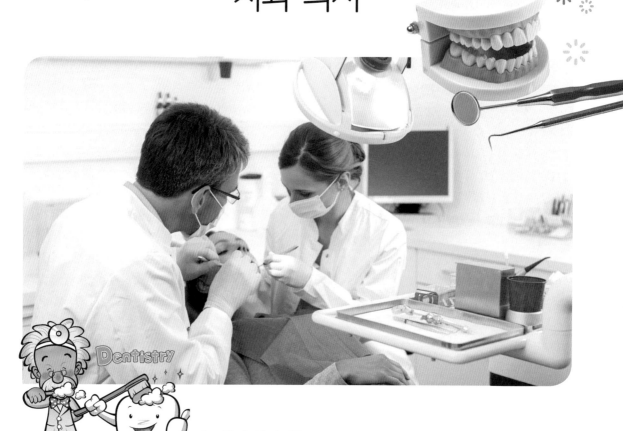

Dentistry

1. 치과 의사란?

치과 의사는 의료법에 따라 보건복지부 장관의 면허를 받은 의료인으로 규정되어 있다. 19세기까지는 치과 의사를 양성하는 전문적인 교육 기관이 존재하지 않았고, 다른 외과 분야와 다르게 의과 대학에 포함되지 못했었다. 그러나 점차 치과 분야에서도 전문가를 양성할 필요를 느끼게 되어 1840년 미국에서 첫 번째 치의과 대학이 설립되었다.

치과 의사는 치아나 구강과 관련하여 손을 많이 사용하므로 치밀하고 정교한 손놀림이 필요한 직업이다. 고도의 집중력과 세밀한 관찰력이 필요한데, 치아에는 수많은 신경이 있기 때문에 조그마한 실수에도 환자가 큰 고통을 느낄 수 있기 때문이다.

또한 치과 의사는 외과 수술을 하지 않기 때문에 편할 거라는 일반적인 외부 인식과는 달리 장시간 환자의 입속을 들여다보며 같은 자세로 있기 때문에 목이나 허리가 나빠지는 경우가 많다. 또한 진료 시 기계가 내는 소음을 매일 듣기 때문에 직업적 스트레스와 소진이 많다고 알려져 있다.

2. 치과 의사가 하는 일

치과 의사는 구강(치아 및 구강 조직), 턱관절, 악골(턱뼈), 안면 부위의 진료에 특화된 의료인으로서 사람들이 건강한 치아를 유지할 수 있도록 치아와 잇몸, 입 안의 질병이나 상처 등을 치료하고 입 안의 건강을 돌보는 일을 한다.

간단한 충치라면 눈으로 보고 판단해 치료하지만 정밀한 진단이 필요한 경우에는 X-ray 및 기타 의료 기기를 이용하여 검사한다. 때로는 CT 촬영을 하기도 한다. 진단결과가 나오면 치과 기구를 사용하여 외과적 수술 및 약물치료를 한다. 치료 방법은 작은 부위가 썩었을 때는 썩은 부위를 제거하고 아말감이나 금을 씌워 치료한다. 큰 부위가 썩어서 치아를 살릴 수 없을 경우에는 치아를 빼고 임플란트 시술을 해야 한다. 이때 필요하다면 뼈를 심는 수술을 선행하기도 한다. 또 잇몸에 염증이 생겨 곪았을 때는 절개하여 고름을 빼고 봉합한다. 그 밖에 치과 위생사에게 치아를 청소하는 스케일링을 지시하여 치아를 윤택하게 하기도 한다.

충치 치료 외에 의치(틀니)를 만들거나 장치를 이용하여 삐죽빼죽하게 자란 치아를 가지런하게 교정하거나 아래턱이 튀어나온 부정 교합을 교정하기도 한다. 턱관절 장애 등을 치료하고, 시린 치아를 치료하며, 치아를 하얗게 하는 표백(치아 미백) 등도 수행하고, 사랑니를 뽑기도 한다. 일반적으로 알고 있는 신경 및 보철 치료를 넘어 구강암 수술, 악안면(턱안면) 재건 등의 영역까지 치과 의사의 역할은 다양하다. 특히 양악 수술은 성형외과에서도 수술하지만, 교합에 대한 지식이 필요하기 때문에 치과에서 하는 경우가 많다. 다음 〈치과 의사 윤리 선언〉을 살펴보면, 이들의 임무와 직업적 자세를 파악해 볼 수 있다.

치과 의사 윤리 선언

치과 의사는 사람의 생명과 구강 건강을 지킴으로써 인류에 봉사할 임무를 부여받은 직업 전문인이다. 이에 그 직업적 사명의 완수에 필요한 가치와 삶의 자세를 밝혀 다음과 같이 다짐한다.

1. 우리는 생명을 존중하고 인류의 구강 보건 향상을 위해 헌신적으로 봉사한다.
2. 우리는 끊임없이 학술을 연마하여 최선의 진료 수준을 유지한다.
3. 우리는 항상 영리적 동기보다 환자의 복리를 먼저 생각한다.
4. 우리는 환자와의 관계에 있어서 정직하고 성실하여 신뢰를 유지하도록 최선을 다한다.
5. 우리는 동료 치과 의사를 비롯한 모든 보건 의료인과 협조하며 국민과 함께 최상의 의료 제도 정착에 힘쓴다.
6. 우리는 이 다짐을 성실히 실천할 것을 인류와 국민 앞에 엄숙히 선언한다.

3. 치과 의사가 되는 방법

우리나라를 포함하여 미국, 캐나다, 일본 등에서는 의사와 치과 의사를 다른 교육 기관을 통해 양성하고 있다. 치과 대학에 입학하거나 4년제 대학 졸업 후 치의학 전문 대학원에 입학하는 방법이 있다. 또는 4년제 대학 졸업 후 치과 대학에 편입하는 길이 있다.

치과 대학의 교육 과정은 4년제, 6년제, 7년제가 있는데 각각 입학 조건이 상이하지만, 모두 졸업하고 학위를 취득한 후 치과 의사 국가고시에 합격해야 치과 의사가 될 수 있다. 단, 국가시험은 보건복지부 장관이 인정하는 해외의 치과 대학을 졸업하고 치과 의사 국가 예비시험에 합격한 자도 응시할 수 있다.

❶ **4년제:** 4년제는 학사 학위가 있어야 하며, 4년간 6년제 대학의 치의학과에 해당하는 수업을 들어야 한다.

❷ **6년제:** 6년제는 예과 2년과 본과 4년으로 나뉘는데, 치의학과도 의학과와 마찬가지로 예과 2년 동안은 대개 자연 과학 대학에 속해 치의학에 필요한 기초 과학 및 교양 과목을 주로 배운다. 본과에서는 1, 2학

년 때에는 기초 치의학(해부학, 조직학, 생리학, 미생물학, 병리학, 예방의학, 내과학, 외과학, 약리학 등)을 학습하며, 3, 4학년 때에는 임상 치의학 및 실습 과목을 주로 배운다.

❸ **7년제:** 7년제는 치의학 전문 대학에서 시행하는 제도로 3년의 학사와 4년의 석사 과정으로 진행된다. 교육 과정을 마친 후 한국보건의료인 국가시험원에서 주관하는 치과 의사 국가시험에 합격하면 치과 의사 면허증을 부여받아 치과 의사 자격을 얻게 된다.

❹ **치과 전문의:** 2008년부터 치과 전문의 제도가 시행되면서 총 10과의 전문 분야 중 한 분야를 전문적으로 진료하는 치과 전문의가 될 수도 있다. 치과 전문의가 되려면 1년의 인턴 과정과 3년의 레지던트 과정을 거쳐야 한다. 10개의 전문 분야는 구강악안면외과, 구강내과, 치과교정과, 치과보철과, 소아치과, 치주과, 치과보존과, 예방치과, 구강악안면 방사선과, 구강병리과이다. 전문 진료 과목 수련을 마친 후 국가에서 실시하는 치과 전문의 자격시험에 합격하면 보건복지부 장관이 수여하는 전문의 자격증을 발급받고 치과 전문의로 활동할 수 있다.

4. 치과 의사의 직업적 전망

치과 의사 면허를 딴 후에는 치과 병원이나 의원 또는 종합 병원 내의 치과에서 진료를 수행할 수 있다. 인턴과 레지던트 과정을 거친 후 치과 전문의가 되면 치과 대학에서

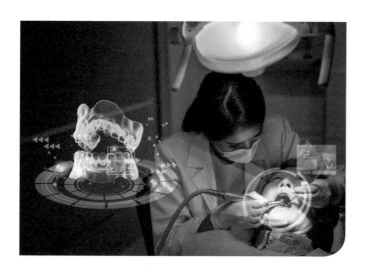

교수로 근무할 수도 있다.

또한 공공 기관 및 연구 기관에 근무하는 치과 의사도 있다. 공중 구강 보건, 구강 보건 정책, 구강 보건 행정 등에 관심이 높은 치과 의사라면 보건복지부, 질병관리본부, 구강보건사업지원단 및 전국 보건소에 근무하면서 관련된 업무를 담당할 수 있다.

그 밖에 치의학 관련 연구소, 기업체 등에 근무하면서 신소재 및 제품 개발 등을 통해 치의학 발전과 관련된 업무를 담당할 수도 있다.

치과 의사 현황을 살펴보면, 2014년에는 2만 8,134명, 2015년에는 2만 8,953명으로 집계되었다. 최근에는 증가 추세가 둔화되고 있으나 앞으로 치과 의사의 일자리는 증가할 것으로 전망된다. 이는 국민 소득과 교육 수준이 높아지고 평균 수명이 연장되어 구강 건강에 대한 관심이 증가하고 있기 때문이다. 또한 예방 및 심미적인 차원의 치료가 요구되고 있어 치과 의사의 일자리 전망에 긍정적인 영향을 미치고 있다.

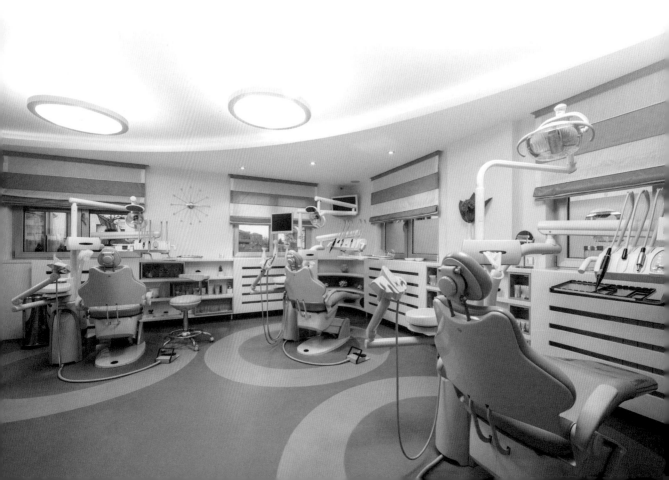

03 한의사

1. 한의사란?

한의사는 동양의 의학인 한방 의료 기술을 바탕으로 환자를 진료하고 치료하는 일을 한다. 우리나라는 서양 의학과 한의학을 구분하여 인정하는 의원 이원화를 유지하고 있고, 의료법에 따라 한방 의료와 한방 보건 지도를 담당하고 있다.

한의사 면허 제도가 우리나라에 처음 도입된 것은 1900년으로, 당시에는 의사와 한의사가 구분되어 있지 않았으나 일제 강점기가 되면서 서양 의학과 한의학이 구분되기 시작하였다. 우리나라에서는 한의사에게 '의생'이라는 지위를 주어 유지하다가 1951년 '국민의료법'이 제정되면서 40년 만에 한의사 호칭을 회복하게 되었다. 또한 우리나라 최초의 한의학 교육 기관인 동양의과대학이 1961년 경희대학교에 합병되어 현재의 경희대 한의과 대학이 되었다.

　한의사는 사람의 맥을 짚어 병을 진단한 다음 주로 약초를 이용하는 약물 요법과 음식을 통해 치료하는 식이 요법, 침이나 뜸을 놓는 침구 요법 등으로 우리 몸의 저항력을 길러 주는데, 한의학이 서양 의학과 다른 점은 이처럼 한약, 침, 뜸 등을 이용하여 수술 없이 환자 스스로 회복할 수 있는 몸의 기능을 활용해서 병을 고친다는 점이다.

2. 한의사가 하는 일

　한의사의 업무는 기본적으로 일반 의사의 업무와 비슷하다. 눈과 귀, 코와 손으로 환자의 상태를 면밀히 살펴 진찰을 하는데, 이때 진맥을 한다. 진맥이란 한의사가 환자의 정맥을 맨손으로 짚어 맥박이 뛰는 세기와 간격, 특징 등을 분석해서 병을 판단하는 것을 말한다.

　요즘 한의사들은 전통적인 방법에만 의존하여 진료하지 않는데, 엑스레이 촬영도 하고 혈액 검사나 소변 검사도 한다. 또한 필요하다면 폐 기능 검사, 심전도 검사 등 현대 서양 의학에서 사용하는 최신 의료 기기를 사용하여 질병에 대해 더욱 정확한 정보를 얻는다.

　이처럼 진찰과 검사에 있어서는 최신 서양 의료 기기를 사용하지만 치료하는 데 있어서는 한의학만의 독특한 방법으로 치료한다. 주로 침술, 뜸, 한약, 부항, 약침, 추나 등의 방법으로 치료한다.

　또한 한의원에서도 적외선 조사기 등의 물리 치료기를 사용할 수 있어 한방 물리 치료를 시행할 수 있다. 하지

만 침을 놓을 부위를 실수로 잘못 선택하면 부작용이 생길 수도 있고, 한약을 제조할 때 분량을 잘못 처방하면 건강이 나빠질 수도 있다. 요즘엔 특히 질 나쁜 수입 한약재가 대량 유통되고 있으므로 한약재를 선택할 때도 많은 주의가 필요하다. 따라서 한의사는 누구보다도 열심히 지식을 쌓고 실습을 많이 해야 한다.

3. 한의사가 되는 방법

한의사가 되기 위해서는 한의과 대학이나 한의학 전문 대학원을 수료한 후 한국보건의료인 국가시험원에서 한의사 면허 시험을 치르면 된다.

한의사가 되려면 두 가지 방법이 있다. 우선 대학의 한의학과에 입학하여 예과 2년, 본과 4년을 마친 뒤 한의사 국가고시에 합격하여 한의학 면허를 취득하는 방법이다. 다른 하나는 한의학 전문 대학원에 입학해 한의학 석사 자격을 취득하고 한의사 국가 면허시험에 합격하는 방법이다.

한의사는 동양의 전통의학을 바탕으로 하기 때문에 한의사가 되려면 한자를 배우는 것이 유리하다. 한자 검정능력시험에서 2급 이상으로 합격한 사람만이 시험을 볼 자격이 주어진다. 또한 동양의 철학이나 사상에 관심이 있다면 더욱 이해하기 쉽다. 요즘에는 한의학도 첨단 의료 기기를 활용하여 질병을 진단하므로 생물학이나 인체의 기능 및 기초과학에 대한 지식을 갖추는 것이 바람직하다. 한의사 전문의 제도는 2000년에 처음 시작되었으나, 전문의 제도를 두고 한의계 내에서도 공감을 얻지 못하고 있으며, 치열한 경쟁 등으로 최초의 전문의를 누가 양성할지에 대한 문제가 끊임없이 제기되었다. 전문의 자격을 따기 위해서는 전문 한방 병원에서 수련 과정을 추가로 밟아야 하는데,

수련 과정은 인턴 과정 1년, 레지던트 과정 3년이다. 이후 한의사 전문의 자격시험에 합격하면 한의사 전문의가 된다. 한방내과, 한방부인과, 한방소아과, 한방 신경정신과, 침구과, 한방재활의학과, 사상체질과, 한방안과, 이비인후과, 피부과가 있다.

4. 한의사의 직업적 전망

한의사 면허를 따면 한의원(주로 외래 환자를 대상으로 의료 행위를 하는 의료 기관으로 30병상 미만인 의료 기관)을 개원하거나 한의원에 취업하여 환자를 진료할 수 있다. 또는 한방 병원(입원 환자 30명 이상의 병상을 갖춘 의료 기관)이나 종합 병원(입원 환자 100명 이상을 병상을 갖춘 의료 기관)에 취업하여 활동할 수 있다.

현재 노인 인구 및 만성 질환자가 늘어나고 웰빙 문화에 맞추어 자연주의 치료 방법이 각광을 받으면서 한의학 수요가 증가하고 있다. 또한 인구의 고령화, 생활양식 및 환경의 변화로 질병의 치료보다는 예방 차원의 의료 서비스에 대한 요구가 증가하고 있다. 이에 발맞추어 한의학의 대중화를 위한 다양한 연구가 진행되고 있다.

또한 질병을 치료하는 것을 넘어 한방 진료 영역이 건강 관리, 비만 관리, 집중력, 성장, 탈모 등의 영역으로 확대되고 있다. 최근에는 정신 장애와 외모에 대한 수요도 증가하고 있어, 의료 시장이 소비자들의 요구를 충족시키는 방향으로 바뀌고 있으며 이러한 수요에 크게 영향을 받고 있다고 볼 수 있다.

04
간호사

1. 간호사란?

간호사는 의사 · 치과 의사 · 한의사 · 조산사와 더불어 의료 인으로 분류된다. 대한간호협회에서 규정하고 있는 간호란, 모든 개인, 가정, 지역사회를 대상으로 건강의 회복, 질병 예방, 건강 유지와 증진에 필요한 지식, 기력, 의지와 자원을 갖추도록 직접 도와주는 활동을 말한다. 간호사는 의사를 도와 병에 걸린 사람들을 치료하고, 빨리 회복할 수 있도록 돌봐주는 일을 한다.

간호는 역사적으로 고대부터 있어 왔으나 면허 제도가 생긴 것은 1919년부터이다. 최근 들어서는 대형 병원 위주로 마취, 종양, 응급, 임상, 정신 등 전문 분야에서 활동하는 전문 간호사(Advanced Practice Nurse, APN)의 수가 늘어나고 있다. 양질의 의료 서비스를 받고 싶어 하는 의료 소비자들의 요구와 독자적이고 자율적인 간호 서비스를

제공하려는 간호사들의 의지가 맞물려서 우리나라에서는 2000년부터 전문 간호사 제도를 실시하고 있다.

전문 간호사는 3년 이상의 간호사 실무 경력이 있는 사람으로서 대학원 과정을 둔 간호학과가 있는 대학이나 간호학 전공이 있는 특수 대학원이나 전문 대학원에서 2년 이상의 교육을 마치고 자격시험에 합격한 뒤 보건복지부 장관으로부터 자격증을 발급받는다.

자격증을 딴 후에는 해당 의료 기관이나 지역 사회에서 높은 수준의 전문가적 간호를 할 수 있다. 또한 환자와 환자의 가족, 일반 간호사, 간호 학생, 다른 보건 의료 인력 등을 교육하고, 실무 교육 프로그램 개발 등에 참여하기도 한다. 현재 의료법에서 인정하고 있는 전문 간호사 분야는 가정, 감염 관리, 노인, 마취, 보건, 산업, 아동, 응급, 임상, 정신, 종양, 중환자, 호스피스 등 총 13종류이다.

간호사도 환자의 건강과 생명을 다루는 일을 하므로 도덕심과 책임감, 성실함을 갖춰야 한다. 무엇보다도 몸이 아픈 환자를 돌보는 일을 하므로 따뜻한 마음과 배려하는 태도를 지녀야 한다.

2. 간호사가 하는 일

의료법에 따르면 간호사는 의사 진료의 보조 임무(주사, 차트 정리, 의료 기기 소독), 환자의 간호 요구에 대한 관찰, 자료 수집, 간호 판단 및 요양을 위한 간호 임무, 간호 요구자에 대한 교육이나 활동 수행, 그 외 보건 활동, 간호조무사 및 요양간호사와 간병인 지도 등의 임무가 규정되어 있다.

간호사는 개인 병원에서 근무하느냐 종합 병원에서 근무하느냐에 따라 근무 형태가 다르다. 개인 병원에서는 일반적으로 접수, 차트에 기록, 처방전, 검사 안내를 도와주는 일을 한다.

종합 병원에서의 업무는 훨씬 다양한데, 종합 병원에서는 크게 외래 파트와 병동 파트로 나눌 수 있다. 외래 파트는 찾아오는 환자를 진료하는 부서이고, 병동 파트는 입원하는 환자를 돌보는 부서이다. 외래 파트의 간호사는 일반 직장인들처럼 오전

8시쯤 출근하고 오후 6시쯤 퇴근하며 휴일이나 공휴일에는 쉰다. 그러나 병동 파트의 간호사는 24시간 3교대 근무하며 휴일이나 공휴일에도 일하는 경우가 많다. 흔히 종합 병원의 간호사 생활이 힘들다고 하는 것은 병동 파트의 간호사를 두고 하는 말이다.

그래서 같은 병원에서 근무한다고 하더라도 어느 파트에서 일하느냐에 따라 근무 시간이나 근무 형태가 완전히 다르다고 할 수 있다. 병동 파트에서 일하는 간호사의 근무 시간은 병원마다 다르지만 대체로 다음과 같다.

- 낮 근무(데이팀) 06:00~14:00
- 저녁 근무(이브닝팀) 14:00~22:00
- 밤 근무(나이트팀) 22:00~다음날 06:00

병동 파트 간호사의 하루 업무를 살펴보자.

❶ **낮 근무:** 출근을 하면 약품이나 물품을 점검하고 전 시간에 근무한 동료 간호사에게 환자의 상태, 투약, 검사 등에 대한 내용을 인계받는다. 그런 다음 환자들에게 아침 투약을 하고 보통 의사들과 함께 회진에 참여한다. 그날의 수술 및 검사가 예정된 환자를 준비시켜 수술실과 검사실로 보내며, 퇴원할 환자에게 퇴원 관리 사항을 교육한다. 낮에는 점심 투약을 준비하고 투약 기록을 한다. 이후에 섭취 및 배설량을 측정한다.

❷ **저녁 근무:** 오후가 되면 입원실에 새로운 환자들이 들어온다. 오전 중에 퇴원을 하거나 다른 병실로 옮겨 비어 있는 침대로 새 환자가 들어오는 것이다. 간호사는 새로 온 환자들이 병원 생활을 잘할 수 있도록 화장실과 샤워실 위치를 가르쳐 주고, 간호사 호출기 사용법과 낙상 예방 등을 교육한다. 또한 의료 용품 소독, 물품 확인 등 치료에 필요한 준비를 하며, 다음 날 수술이 있는 환자가 있으면 수술이나 검사의 목적, 방법 등을 설명하고 금식이나 목욕 등 수술할 준비를 시킨다.

❸ **밤 근무:** 의사의 지시에 따라 밤새 통증으로 괴로워하는 환자들을 돌본다. 환자가 잠든 사이에도 시간에 맞춰서 링거(수액)를 갈아 주거나 체온을 재고, 혹시 응급 상황이 발생하면 응급 처치를 한 후에 의사에게 연락한다. 또한 담당 의사가 올바르게 약을 처방했는지, 검사에 필요한 물품이나 약품에 대한 지시가 맞는지도 확인한다. 그 밖에 낮 근무, 저녁 근무 간호사가 투약이나 기타 처방을 잘 시행했는지 살펴보고, 검사 준비가 제대로 되었는지 등에 대해서도 꼼꼼히 검토한다.

다음은 간호사의 사명과 직업윤리를 파악할 수 있는 나이팅게일 선서이다.

— 🤚 —

나이팅게일 선서

1. 나는 일생을 의롭게 살며 전문 간호직에 최선을 다할 것을 하느님과 여러분 앞에 선서합니다.
2. 나는 인간의 생명에 해로운 일은 어떤 상황에서도 하지 않겠습니다.
3. 나는 간호의 수준을 높이기 위하여 전력을 다하겠으며, 간호하면서 알게 된 개인이나 가족의 사정은 비밀로 하겠습니다.
4. 나는 성심으로 보건 의료인과 협조하겠으며, 나의 간호를 받는 사람들의 안녕을 위하여 헌신하겠습니다.

3. 간호사가 되는 방법

간호사가 되려면 4년제 대학의 간호학과나 3년제 전문 대학, 국군 간호 사관학교를 졸업한 뒤에 간호사 국가시험에 합격하여 국가가 부여한 간호사 면허증을 취득해야 한다. 아니면 보건복지부 장관이 인정하는 외국의 대학이나 전문학교에서 간호학을 전공하고 면허를 받은 경우 간호사 국가시험에 응시할 수 있다.

🔺 간호 대학 나이팅게일 선서식(사진, 대구가톨릭대학교병원)

간호사는 주로 개인 병원이나 종합 병원에서 근무하지만 활동하는 곳은 실로 다양하다. 보건소나 기업 등의 의무실, 학교의 보건 교사로 일하기도 한다. 구치소, 교도소, 치료 감호소, 소년원과 같은 교정 시설, 초등학교 등 보건 담당자, 군대, 공공 단체, 보험사, 산업체 및 연구소에서도 근무할 수 있다.

종합 병원을 제외한 곳에서 일할 경우에는 여느 직장인들처럼 아침에 출근하고 저녁에 퇴근한다. 그러나 종합 병원이나 대학 병원같이 규모가 큰 병원에서는 환자를 24시간 동안 간호해야 하므로 3교대로 근무하며, 일요일이나 공휴일에도 근무할 때가 많다.

간호사와 비슷한 직업으로 간호조무사가 있다. 간호조무사는 의사나 간호사의 지시에 따라 간단한 간호 업무를 수행한다. 간호사의 일상 업무를 돕는 한편, 입원 환자들의 침상을 정리하고, 환자의 차트 등을 찾아 간호사에게 전달하는 일도 한다. 간호조무사들은 병원 이외에 양로원이나 장애인 보호 시설에서 일하기도 하고, 도움이 필요한 노인들을 찾아가 돌보기도 한다. 고등학교를 졸업한 사람이라면 누구나 국가에서 실시하는 간호조무사 자격시험을 칠 수 있다.

4. 간호사의 직업적 전망

현재도 그렇지만 앞으로도 간호사의 직업 전망은 밝다고 할 수 있다. 소득 증가에 따라 건강에 대한 관심은 나날이 높아지고 있고, 특히 인구 고령화로 노인전문 간호사의 수요가 폭발적으로 증가하고 있다.

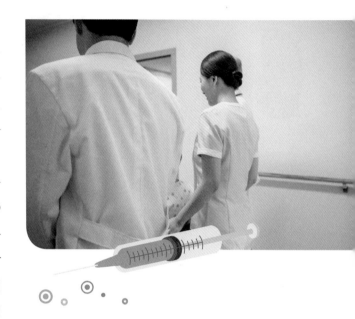

하지만 현재 우리나라 간호사 수는 수요에 비해 매우 부족한 실정으로 OECD 국가 중 인구 대비 간호사 비율이 매우 낮은 편이다. 이에 대해 정부에서는 병상 수 대비 간호사 수의 비율을 높이기 위해 많은 노력을 기울이고 있다. 이런 여러 요인으로 간호사 인력에 대한 수요는 계속 늘어날 것으로 보인다.

또한 미국, 캐나다, 호주, 노르웨이, 유럽 등 선진국뿐만 아니라 중동 지역에서 간호사 부족 현상이 심화되고 있어서 좀 더 나은 근무 조건을 위해 해외로 진출할 기회 역시 다른 직종에 비해 많은 편이다.

이러한 긍정적인 일자리 전망에 힘입어 요즘에는 남성들도 간호사로 진출하고 있다. 특히 종합 병원의 중환자실, 수술실, 응급실, 회복실 등에서 환자의 이동을 편리하게 하려면 여성 간호사보다는 상대적으로 힘이 센 남성 간호사의 역할이 필요하다. 이런 면에서 남성 간호사의 수는 점점 늘어나고 있다. 간호사의 성비는 남성이 적다는 인식처럼 실제 현직 남자 간호사는 2% 정도였으나, 최근에는 간호 대학 내 남성 비율이 증가하고 있고, 15%가 넘는 수준이라고 한다. 앞으로도 점차 많아질 것으로 예측된다.

이 외에도 학교보건법에 따라 모든 초·중·고등학교 학생을 대상으로 보건 교육을 체계적으로 실시하기 위해 학교에서 보건 교육과 학생 건강 관리를 담당할 보건 교사의 필요성이 늘어나면서 간호사 면허증과 교사 자격증을 모두 소지한 사람의 입지가 높아질 것이다.

간호사의 하루 일과는 어떻게 되나요?

간호사는 오전, 오후, 그리고 밤, 이렇게 3교대 근무를 하고 있는데요. 어떻게 보면 가장 중요한 일은 대개 밤 근무 시간에 이루어진다고 볼 수 있어요. 낮에 의사가 치료 계획을 세우고 약과 식사 등을 처방하면, 밤 근무 간호사는 의사의 계획과 처방을 바탕으로 약은 언제 먹어야 효과를 높일 수 있는지, 또 다음 날 아침에 환자가 받아야 할 검사가 여러 개 있다면 어떤 것부터 시행해야 할지, 한마디로 다음날 진행될 환자의 하루 계획을 세밀하게 준비하는 것이 밤 근무의 주요 업무 중 하나죠.

이렇게 하는 이유는 한 명의 간호사가 한 명의 환자를 24시간 돌볼 수 없기 때문에 환자의 정보와 상태를 3교대 근무하는 간호사가 모두 공유해서 돌보기 위함입니다. 우리 병원의 경우 아침 근무 간호사는 6시 30분에 근무가 시작돼요.

그런데 근무 시작 전에 미리 준비를 합니다. 여기서 '준비'란 의사의 처방으로 밤 근무 간호사가 세운 계획을 충분히 숙지하고, 이 계획이 실질적으로 환자에게 잘 맞는지 점검하는 것을 뜻합니다.

준비가 끝나면 밤 근무 간호사와 아침 근무 간호사가 함께 교대 순회를 하는데요. 환자에 대한 정보는 모두 기록되어 있지만 환자 모습을 직접 봤을 때 확인할 수 있는 정보들이 훨씬 더 많기 때문이죠. 예를 들어 혈액

검사 수치는 다 괜찮은데 저희가 환자를 대면하는 순간 이 환자분이 '나 오늘 마음이 힘들어요. 뭔가 다른 치료가 필요해요.'라는 의사 표현을 할 때가 있어요. 혈액 검사보다 더 빨리 반응하는 건 환자의 모습이거든요.

이렇게 계획을 숙지하고 환자를 직접 보면서 알게 된 새로운 정보까지 더하면 본격적인 정규 순회를 합니다. 정규 순회 때는 먼저 활력 증후 측정을 하죠. 혈압, 맥박, 체온, 맥박수가 괜찮은지, 호흡수가 괜찮은지 확인하고 오늘의 치료 계획을 설명하고 혹시 환자분이 궁금해 하는 건 없는지 확인하거나, 만일 내일 수술한다 하면 오늘 어떤 교육이 이루어질 건지 설명해 드립니다.

이렇게 정규 순회를 끝내고 돌아오면 바로 환자들의 상태를 기록해요. 환자의 상태는 어떻고 내가 환자에게 어떤 내용을 설명했는지, 또 기록하면서 특이 사항을 짚어보는데요. 예를 들어 한 환자의 혈압이 100에 70으로 정상인데, 과거 기록을 보니 원래 혈압이 130이었던 분이었어요. 그렇다면 떨어지고 있는 거잖아요? 혹시 이게 어떤 의미 있는 데이터는 아닐까, 그런 사항을 꼼꼼히 확인해서 담당 의사와 소통하기도 하죠. 이렇게 확인된 데이터만 보는 게 아니라 그 데이터가 정상인지, 환자의 경향을 살펴 비교 분석할 수 있어야 합니다.

기록과 확인이 끝나면 식전 약을 드리러 순회를 하죠. 이때쯤 혈액 검사 같은 결과들이 나오는데 함께 보

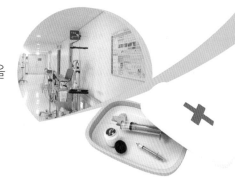

> 간호사로서 스스로 **자신이 하고 있는 일에 의미를 찾아** 일할 수 있는 사람이 결국 더 많은 환자들을 **진심으로 잘 돌볼 수 있다**고 생각합니다.

면서 다시 환자들의 상태를 확인해요. 이렇게 약까지 드리고 나면 오전 근무가 마무리됩니다.

점심 식사가 끝난 1시부터 다시 오후 정규 순회가 시작되고, 정규 순회 이후 기록과 확인이 끝나면 오후 4시쯤 되는데 이때 오후 근무 간호사들과 교대를 하게 되죠. 이러한 과정들이 3교대로 이루어지고 있습니다.

하루 일과가 굉장히 바쁘게 돌아가고 있는데요, 일하면서 힘든 부분이 있다면 무엇인가요?

힘든 부분인 동시에 갖춰야 할 자질로 꼽을 수 있는 건 첫째로 체력이에요. 3교대 근무를 해야 하기 때문에 건강하지 않으면 환자를 제대로 돌볼 수 없어요. 간호사로서 가장 힘든 시기를 꼽는다면 아마도 오리엔테이션 기간, 적응 기간이 아닐까 싶은데요.

병원은 사람의 생명을 다루는 곳이기 때문에 실수를 하게 될까 봐 많은 부담을 느끼게 돼요. 그 부담감, 긴장감을 안고 일을 하기 때문에 초반에는 잠조차 제대로 못 이룰 때가 많아요. 그 긴장감이 이어져 갑자기 쓰러지는 간호사도 종종 있죠.

또 40~50kg밖에 안 되는 간호사들이 70~80kg 환자를 들어 올리거나 이동시켜야 할 때, 아무리 요령이 있어도 꽤 힘이 들죠. 내 몸을 덜 쓰며 할 수 있는 방법이 있긴 하지만, 내 체중의 두 배가 넘는 환자를 움직여야 할 때가 많다 보니 아무래도 체력이 강한 간호사가 잘 적응하고 또 즐겁게 일할 수 있는 필수 요건이라는 생각이 들고요.

두 번째로 간호사라는 직업은 사람에 대한 관심이 없으면 일이 굉장히 어려워집니다. 예를 들어, 밤 근무 간호사가 환자에 대한 오늘의 계획을 세워놓는데 사람에 대해 관심이 많은 간호사는 그 계획을 그대로 따르

는 것을 넘어 '이 환자에게 이 계획대로만 하는 것이 나을까? 다른 더 좋은 방법은 없을까?'라고 고민을 하고 더 많은 준비를 하게 되죠. 물론 전날 계획한 일정대로 하면 사실 거의 별문제가 없어요. 하지만 간호 업무를 단순히 일로만 여긴다면 누구보다 간호사 자신이 힘들어집니다. 이 일이 행복한 줄 몰라요.

그런데 사람에게 관심이 많고 '내가 저 환자를 어떻게 도울 수 있을까' 하며 늘 고민하고 준비하는 간호사일수록 이 직업이 단순히 일이 아니라 사명감을 갖고 할 수 있는 가치 있는 일이라는 의미를 부여할 수 있고, 그렇게 의미를 부여하게 되면 더 즐겁게 일을 할 수 있습니다.

우리 간호사들은 이렇게 얘기를 해요. '간호사'란 의사가 처방을 내리면 그 처방을 수행할 뿐 아니라 오해를 풀어주는 사람이라고. 환자에게 단순히 처방된 약을 주는 게 아니라 환자가 잘못된 상식으로 '난 이 약을 맞으면 회복이 늦지 않을까요? 혹시 중독이 될까 봐 두려워요' 이렇게 여긴다면 이 약이 왜 환자분에게 필요한지 설명하고 설득할 수 있어야 하죠.

이렇게 간호사로서 스스로 자신이 하고 있는 일에 의미를 찾아 일할 수 있는 사람이 결국 더 많은 환자들을 진심으로 잘 돌볼 수 있다고 생각합니다.

Q 현재 맡고 있는 병동은 어떤 병동이고, 병동마다 일하는 방식이 어떻게 다른가요?

저는 간 이식 환자들이 있는 병동에서 일하고 있습니다. 간 이식 환자들이 일반 환자들과 다르게 특별히 주의해야 하는 게 평생 면역 억제제를 복용하는 것이거든요. 다른 환자들은 감기로 앓고 지나가는 것들도 간 이식 환자들에겐 폐렴이나 심각할 경우 중환자실에서 집중 치료를 받아야 되는 상황까지 발생할 수 있어서, 간 이식 병동에 있는 간호사는 개인 위생에 좀 더 각별하게 신경을 써야 합니다.

또 이식 환자들을 간호하기 때문에 좀 더 가족과 같은 마음으로 간호를 하게 돼요. 왜냐하면 수혜자분들은 늘 미안한 마음을 가지고 사시거든요. 내가 살아야 하기 때문에 건강한 자식의 간을 이식받는 상황도 있고, 또 기증자 입장에서는 나는 잘 회복되고 있는데 기증받은 내 가족은 아직 중환자실에 있다든지 또 회복되지 않아 다른 치료가 남아있는 경우도 생기는데요. 이런 부분 때문에 수혜자와 기증자의 마음을 모두 헤아리는 가족 간호가 필요하죠.

그래서 일단 더 조심스러워요. 수혜자가 잘 회복되고 있다고 해도 그 앞에서 마냥 기뻐할 수 없는 건 수혜자의 가족이자 기증자의 치료가 또 남아있기 때문이에요. 기증자와 수혜자 모두 온전히 퇴원할 때 비로소 다 같이 웃을 수 있죠. 때문에 우리는 끝까지 당신을 도울 거라는 믿음과 신뢰를 쌓아야 합니다. 그래야 치료에 집중해서 병을 극복할 수 있으니까요.

Q 언제 간호사라는 직업을 선택하신 건가요?

언니가 둘 있는데 둘 다 간호사였어요. 그래서 자연스럽게 간호학과에 진학하게 되었습니다. 사실 처음부터 간호사라는 직업을 좋아했던 건 아니에요. 그래서 대학 시절까지도 간호사라는 직업이 어떤 의미의 직업인지 큰 뜻이 없었어요. 그런데 졸업 후 병원에 들어와서 비로소 이 일이 얼마나 귀한 일인지 알게 되었죠.

Q 간호사라는 직업이 좋은 이유는 뭘까요?

앞으로 인공지능이 발달하면 대체될 수 있는 직업군이 많을 텐데, 간호 일은 대체될 수 없을 것 같아요. 그래서 오히려 더 비전이 있고, 또 살면서 나만 성장하는 게 아니라 누군가를 돌볼 수 있다는 것이요. 평생 직업으로 할 수 있는 일이 흔치 않은데, 그중에 간호사도 포함된다는 생각이 전 들었어요. 참 좋은 직업이라는 생각이 들어요.

Q 간호사를 꿈꾸는 청소년들에게 한마디 해 주세요.

간호사는 환자가 도움이 필요하다면 언제든 달려가야 해요. 하루 종일 식사할 시간조차 없이 바쁘게 일하다가 잠시 짬이 나서 컵라면을 먹으려는데 환자가 용변을 봤어요. 그럼 얼른 가서 말끔하게 치워드리고 아무렇지도 않게 돌아와 밥을 먹을 수 있어야 해요.

아기를 키우는 엄마들이 그렇잖아요. 아기 기저귀 갈고 나서 아무렇지 않게 밥을 먹죠. 그때 생각했어요. 간호사란 환자를 대하는 마음이 내 아이를 키우는 마음과 같아야 하는 직업이라는 것을. 아픈 사람들을 만나고 돌본다는 건 참 힘든 일이에요. 하지만 의사와 환자, 그리고 저희 간호사가 마음을 합치면 생명을 살릴 수도 있는 기적들을 무궁무진하게 경험해 볼 수 있는 직업이기도 하죠. 이런 행복, 기적을 또 어디서 느껴볼 수 있을까 싶어요. 그런 의미에서 간호사라는 직업은 굉장히 의미 있는 직업이라고 할 수 있습니다.

05
치과 위생사

1. 치과 위생사란?

치과 위생사는 의료기사 직종의 하나로, 의료법에 따르면 아직까지는 의료인으로 규정되어 있지 않다. 치과에 가서 치료를 받을 때 치과 의사 옆에서 보조를 해 주는 분들이 치과 위생사이다.

치과 위생사는 치과 기공사와 다르며, 주사, 투약, 검사, 수술 보조 등을 하는 간호사와 간호조무사와도 다른 직종이다. 치과 위생사가 위와 같은 업무를 한다면, 불법이 된다. 우리나라의 치과 위생사 교육은 1965년 연세대학교 의학기술학과에서 시작되어 현재는 전국 78개 대학(교)에서 실시하고 있다.

치과 위생사는 사람의 치아를 다루는 일이니만큼 섬세하고 치밀한 성격을 가진 사람

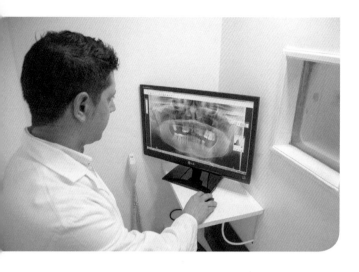

에게 적합하다.

2. 치과 위생사가 하는 일

치과 위생사는 치과 의사의 지시에 따라 환자의 치아 및 입안 질환 예방, 치석 등 침전물을 제거하는 스케일링, 임시 부착물 제거 및 장착, 치아 본뜨기, 치과 방사선 사진 촬영 등의 업무를 담당한다. 그 밖에 X선 사진 촬영을 하거나 치아를 불소 화합물로 닦고, 치아에 채울 합성물을 혼합하는 일도 한다. 그중 치과 위생사가 가장 많이 하는 일은 충치 예방을 위한 스케일링과 불소 도포, 치아의 홈을 메우는 일이다.

또한 환자의 구강 건강 상태 및 진료 기록을 관리하며, 치과의 진료 기구 및 장비의 소독, 배치와 관리를 담당하며 병원 관리, 건강 보험 청구, 기타 행정적인 업무도 수행한다. 그 밖에 환자의 치료 계획 수립과 치료 전 교육, 진료 과정 협조 및 치료 후 유의 사항과 관리 교육 등을 실시한다. 그리고 진료실의 청결 및 유지 관리를 담당한다. 이처럼 치과 위생사는 비교적 가벼운 치과 처치에서부터 치과 의사가 수술이나 시술을 할 때 진료를 돕는 등 다양한 업무를 수행한다.

3. 치과 위생사가 되는 방법

치과 위생사가 되려면 4년제 대학교 및 전문 대학(3년제)에서 치위생(학)을 전공한 후 국시원에서 시행하는 치과 위생사 국가시험에 합격하여 보건복지부 장관의 면허증을 발급받아야 한다. 치과 위생사는 치과 병원에서 주로 근무하지만 보건소나 학교 등에서 구강 보건 교육과 집단 구강검사 및 칫솔질 교육 등을 하기도 한다. 일의 특성상 환자의 입을 통해 병원균에 노출될 위험이 있으므로 감염 예방에 신경 써야 한다.

4. 치과 위생사의 직업적 전망

　치과 위생사라는 이름에서 알 수 있듯이 주로 치과에
서 근무하는데, 치과 병원이 많지 않기 때문에 대부분 치과
의원에서 근무한다. 치과 위생사가 일하는 곳은 치과 병원이
나 의원, 종합 병원을 비롯하여 지역 사회 보건(지)소, 국공립 의
료 기관, 산업체 의무실, 학교 구강 보건실, 구강 보건 연구 기관 및 유관 단체 등이다.

　치과 위생사의 직업적 전망은 밝다고 할 수 있다. 생활 수준 향상과 평균 수명 연장
및 웰빙에 대한 관심의 고조 등으로 구강 건강에 대한 관심이 점차 증가하면서 치과 서
비스 이용이 증가하고 있다. 또한 정부의 구강 보건 정책이 치료 위주에서 예방 위주의
진료로 전환되면서 예방 처치 및 구강 보건 교육을 수행하는 치과 위생사의 수요가 꾸준
히 증가하고 있다.

　치과 병·의원은 2007년 1만 3,431개소(치과 병원 151개, 치과 의원 1만 3,280개)에서
2014년 1만 6,135개소(치과 병원 202개, 치과 의원 1만 5,933개)로 5년 사이에 20.1% 증
가했다. 이런 점도 치과 위생사의 일자리 전망에 긍정적인 전망을 갖게 한다.

06
임상 병리사

1. 임상 병리사란?

임상 병리사는 각종 의학적 병리 검사 업무를 담당하는 의료기사로, 환자의 혈액, 소변, 체액, 조직 등으로 각종 의학적 검사를 수행하고 분석하는 사람이다. 몸이 아파서 병원에 가면 의사는 진찰을 통해 이상 여부를 살피는데, 이상이 있다고 판단되면 치료에 앞서 혈액 검사나 소변 검사 등을 한다. 이때 혈액이나 소변 검사를 하는 사람을 임상 병리사라고 한다.

임상 병리사는 혈액이나 소변, 조직, 세포 등을 정밀하게 분석하고 몸의 상태를 정확히 파악해서 그 결과를 의사에게 넘겨준다. 다양한 실험 기구와 약품을 사용하므로 이에 대한 전문적인 지식과 기술이 필요하다. 또한 평소 장비의 유지, 보수에 힘써 질병을 예방, 진단, 예후 관찰 및 치료에 기여하는 직업이다. 검사용 시약을 조제하고, 혈액을 채

혈하거나 제조, 조작하고 보존한 후 그 검사 결과와 실험 과정을 기록하여 의사에게 전달하기도 한다.

　　임상 병리사는 검사 도중 세균에 감염되거나 화학 약품에 노출될 수 있으므로 항상 소독 가운을 입고 일회용 장갑을 착용하는 등 청결에 신경 써야 한다.

2. 임상 병리사가 하는 일

　　임상 병리사는 환자의 건강 및 질병의 상태를 밝히기 위해 의사의 지시에 따라 혈액, 소변, 대변, 세포, 조직 등을 채취해서 검사하고 분석한다. 정확한 검사를 위해 현미경과 같은 실험 기구나 약품을 사용하여 질병의 감염 여부나 질병의 종류를 확인하여 보고서에 기록하여 의사에게 보낸다.

　　임상 병리사가 하는 일을 자세히 살펴보면 다음과 같다.

❶ **주요 업무:** 임상 병리사는 대체로 병원 등의 보건 의료 기관 내 진단검사의학과, 병리과, 핵의학과 등의 부서에서 일한다. 주요 업무는 인체의 기관, 조직, 세포, 혈액, 분비물 등을 채취하여 검사, 분석, 실험하는 것이다. 감염 여부를 조사하고 병원체에 대한 각종 약품의 효과를 관찰하기 위하여 현미경, 광전비색계, 혈액 세포 측정계 등 실험 기구를 조정, 조작한다. 또한 진단 혈액 검사, 미생물 검사, 수혈 의학 검사, 진단분자유전 검사, 면역 혈청 검사 등을 통해 질병의 원인을 찾아낸다. 그 검사와 실험 과정을 정확하게 기록하여 의사에게 제공한다.

❷ **전문 분야:** 규모가 큰 병원에서 근무하는 임상 병리사는 각 전문 분야에 따라 진행하는 검사가 다르다. 먼저 암세포 조직 같은 것을 조사하는 세포 검사 기사, 질병과 관련

된 세균과 병원균을 조사하는 미생물 검사 기사, 우리 몸에서 분비·배설되는 체액을 화학적으로 분석해서 검사하는 임상 화학 기사, 면역력과 알레르기를 검사하는 면역 기사, 혈액 검사 외에 수술에 필요한 혈액을 공급하고 관리하는 혈액원 기사 등이 있다.

❸ **동물 검사:** 임상 병리사는 대부분 병원 등 의료 기관에서 근무하지만 제약회사의 연구실이나 연구소의 실험실 등에서 근무하는 경우도 있다. 이 경우에는 약물에 대한 표본을 추출하거나 약물의 치료 효과 등을 검증하기 위해 동물 실험을 통한 검사와 연구를 수행한다. 이를 위해 임상 병리사는 동물의 세포나 세포에서 나오는 세균을 검사하고 기생충 검사를 하기도 한다.

3. 임상 병리사가 되는 방법

임상 병리사가 되기 위해서는 국내의 4년제 혹은 3년제 대학의 임상병리과를 졸업하고 한국보건의료인 국가시험원에서 시행하는 임상 병리사 국가시험에 합격한 후, 보건복지부 장관의 면허를 받아야 한다. 대학에서는 임상화학, 미생물학, 혈액학 같은 임상 분야와 의료 관계 법규와 공중 보건에 대해 배운다. 면허 시험은 1년에 한 번 시행되고 있다.

시험은 의료관계법규, 공중보건학, 해부생리학, 임상생리학, 조직검사학, 임상화학, 혈액학, 임상미생물학과 실기시험이 있다.

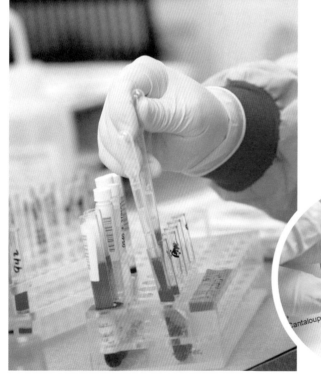

임상 병리사는 환자의 건강 상태를 검사하는 일을 하므로 침착하고 꼼꼼한 성격과 분석적 사고력을 가져야 한다. 또한 임상 병리사가 검사해야 할 검사 대상물에는 환자의 분비물이나 배설물도 포함되므로 악취

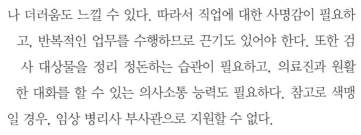

나 더러움도 느낄 수 있다. 따라서 직업에 대한 사명감이 필요하고, 반복적인 업무를 수행하므로 끈기도 있어야 한다. 또한 검사 대상물을 정리 정돈하는 습관이 필요하고, 의료진과 원활한 대화를 할 수 있는 의사소통 능력도 필요하다. 참고로 색맹일 경우, 임상 병리사 부사관으로 지원할 수 없다.

임상 병리사는 대부분 병원 및 의원의 임상병리과나 해부병리과의 병리 검사실이나 진단검사의학과(진검)에서 근무하거나 연구실에 취직하는 것이 보통이다. 진단검사의학과에는 채혈실, 미생물, 세포분자 등의 파트로 나뉘며, 병리과는 주로 수술실 옆에 자리잡고 있으면서 일반 회사원 같은 느낌이 있다. 핵의학과에서 방사능 면역을 측정하기도 하는데 해당 진료과는 큰 병원이 아니면 드물고, 생리학 검사 파트에서는 심전도, 폐기능, 초음파, 뇌파 등의 검사를 주로 하며, 해당 파트에서는 주로 경력직을 선호한다. 또한 제약회사의 연구소, 보건소나 교육청의 보건 공무원으로 근무하는 경우도 있다.

4. 임상 병리사의 직업적 전망

인구 고령화로 의료 수요가 점점 늘고 있어 임상 병리사의 고용도 늘고 있다. 이에 발맞추어 매년 임상 병리사 면허 등록 신청자도 늘고 있으며, 임상병리학과를 설치하는 대학이 증가하고 있다. 이렇듯 수요에 비해 공급이 더 늘다 보니 점점 일자리 경쟁이 치열해지고 있다.

임상 병리사는 병원으로 채용되는 경우가 많은데 병원에 채용 관련 규제가 없기 때문에 큰 폭의 고용 증가가 일어나기는 힘들다. 임상 병리사들은 임금과 근로 조건, 수행 업무가 전문적인 종합 병원이나 대학 병원 근무를 희망하지만, 일자리가 한정되어 있어 취업 경쟁이 매우 심하다. 임상 병리사의 주 임무인 혈액을 이용한 혈당 검사라든지 기타 수백 종의 검사의 수가를 다년간 줄여나가고 있어 2017년 첫 삭감 후 실제 여러 병원에서는 검사실 인력을 단축하거나 단순한 검사는 수탁 검사 기관 등 전문 검사실을 활용하는 경우가 많아지면서 병원 내 채용보다는 검사 기관의 채용이 늘어나고 있다. 즉 검사가 자동화로 이루어지고 있어 진단검사의학과의 임상 병리사 입지는 좁아질 전망이다. 그러나 분자 병리, 유전 관련 수요는 늘어나고 있고, 수면 다원 검사나 심전도, 폐기능 등 임상 생리 분야는 자동화에 한계가 있다.

07 방사선사

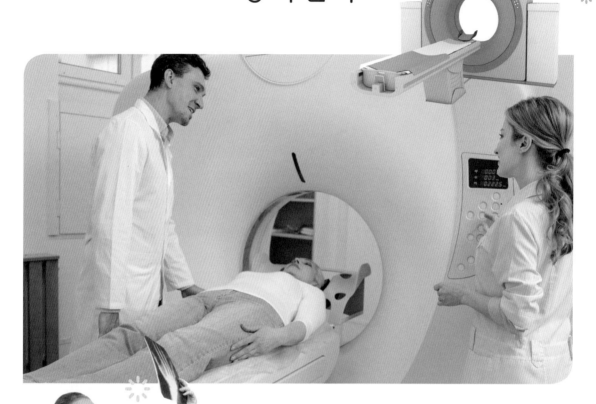

1. 방사선사란?

방사선사는 여러 의학 분야에서 신체 내부의 골격계, 내장 기관 계통의 병변이나 이상을 알아보기 위해 방사선을 이용한 검사 및 촬영을 하는 의료기사이다. 병원에 가면 필요에 따라 X-ray를 찍기도 하는데, 의사의 지시에 따라 우리 몸을 촬영하는 사람을 방사선사라고 한다. 방사선사는 우리 몸 안의 질병이나 장애 진단을 위해 각종 방사선 장비를 조작하고, 방사성 물질을 이용하여 치료한다.

방사선사는 업무에 따라 진단 방사선사(영상의학과), 치료 방사선사(방사선종양학과), 핵의학 방사선사로 나누어진다. 진단 방사선사는 일반적인 X-ray 검사, 정밀한 신체 내부 검사를 위한 자기

공명 영상 촬영(MRI: Magnetic Resonance Imaging) 검사나 초음파 검사, 전산화 단층 촬영(CT: Computed Tomography) 검사 등을 한다. 치료 방사선사는 고에너지 방사선을 이용해 암세포를 죽이는 암 치료를 한다. 핵의학 방사선사는 첨단 의료 기술로 방사성 동위 원소를 사용하여 진단은 물론 갑상선종과 같은 일부 암의 치료에 적용한다.

2. 방사선사가 하는 일

의료기사법 시행령에 따른 법적 업무는 전리방사선 및 비전리방사선의 취급과 방사성 동위 원소를 이용한 핵의학적 검사 및 의료 영상 진단기, 초음파 진단기의 취급, 방사선기기 및 부속 기자재의 선택 및 관리 등으로 규정되어 있다. 방사선사는 우리 몸의 특정 부위에 대한 치료를 위해 X-ray, CT, MRI, 초음파 검사 등을 통해 환자의 상태를 정밀하게 진단한다. 방사선사가 시행하는 검사의 종류는 다음과 같다.

❶ **X-ray:** X-ray 검사란 엑스선을 인체에 투과시켜 결과를 영상화하는 방법이다.

❷ **초음파 검사:** 초음파 검사란 초음파를 인체 내에 보내 반사음파를 영상화시키는 방법이다.

❸ **CT(컴퓨터 단층촬영):** CT(컴퓨터 단층 촬영) 검사란 인체 내부를 일정한 두께의 단면으로 잘라 영상화시키는 방식이다.

❹ **MRI(자기공명영상):** MRI(자기 공명 영상) 검사란 자기장을 발생시키는 기계가 고주파를 발생시켜 인체에 보내면, 인체 내의 수소 원자핵의 반응으로 발생되는 신호를 컴퓨터로 계산하여, 인체의 모든 부분을 영상화하는 방법이다.

❺ **핵의학 검사:** 핵의학 검사는 방사성 동위 원소를 이용하여 신체의 내부 장기나 골절 등의 해부학적 · 생리학적 기능을 진단하는 방법이다.

진단 후에는 방사선 촬영 및 치료를 위하여 환자를 고정시키고 검사받지 않는 다른 신체 부위가 방사선에 노출되지 않도록 의사의 지시에 따라 방사선 노출 범위와 강도를 조절하여 치료한다. 그런 다음 방사선 촬영 결과를 정리 및 분석하여 보고서를 작성하여 의사에게 전달하

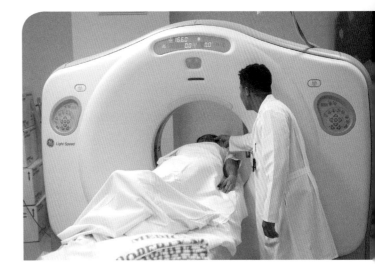

며, 치료 기록을 관리한다.

최근에는 촬영한 영상을 컴퓨터 영상으로 띄워 환자의 상태를 보고 진료하게 하는 PACS(Picture Archiving Communication System, 의료 영상 저장 전송 시스템)의 사용 확대로 의료 영상의 보관 및 기록 업무가 편리해지는 등 방사선사의 업무가 좀 더 효율적으로 이루어지고 있다.

보통 의료 기관에서는 방사선 피폭 위험이 항상 존재하므로 방사선사는 진단용 방사선 발생 장치 안전 관리 규칙에 의해 안전 관리 책임자로 선임되며, 의료 기관의 방사선 장비는 물론 환자 및 방사선 종사자, 방사선 구역 출입자의 방사선에 대한 안전 관리업무를 수행한다.

3. 방사선사가 되는 방법

방사선사가 되려면 4년제 및 3년제 대학에서 방사선학을 전공한 후 한국보건의료인 국가시험원에서 시행하는 방사선사 국가시험에 합격하여 보건복지부 장관의 면허증을 발급받으면 된다.

방사선사는 기계를 조작하는 일이 많으므로 기계 활용 능력, 집중력, 기술력이 요구되며 병원 내 유관 기관의 의료 직원들과 의료 정보 및 지시 사항을 공유하는 경우가 많으므로 원만한 의사소통과 대인 관계가 요구된다.

방사선 기기가 계속 발전하는 만큼 방사선사도 최신 정보를 익혀 새로운 기술과 의료 기구를 능숙하게 조작할 수 있는 능력이 필요하다. 또한 방사선에 노출될 위험이 있으므로 늘 주의해야 하며 주기적으로 검진을 받아야 한다. 이들이 다루는 기계는 위험성이 높기 때문에 업무를 수행하는 데 있어서 꼼꼼함과 정확성을 갖추어야 한다.

방사선사는 대부분 대학 병원이나 종합 병원, 개인 병ㆍ의원, 치과 병ㆍ의원 등에서 일한다. 이 외에도 한국원자력안전기술원에서 시행하는 방사성 동위 원소 취급자 일반 및 감독자 면허, 산업인력공단의 방사선 비파괴 검사기사(산업기사) 면허를 취득할 수 있는 자격을 얻을 경우 핵의학과로도 취업이 가능하다. 방사성 동위 원소 취급자 일반 면허는 방사선사 면허와 직접적인 관련은 없지만, 방사성 동위 원소를 다루는 직종인 만큼 권장되지만 필수 요건은 아니다.

4. 방사선사의 직업적 전망

병원에서 방사선사가 고용되는 진료과는 크게 영상의학과, 핵의학과, 방사선종양학과이며, 그중 영상의학과가 단연 수요가 많다. 핵의학과와 종양학과는 선발 인원이나 횟수가 적어 이것만 바라보고 취업을 준비하기는 쉽지 않다. 업무 특성상 업무에 온종일 매달릴 필요가 없기 때문에 병원에서는 경력이 쌓이면 원무과장을 맡기도 한다. 특히 유방 촬영이나 산부인과의 경우 여성이 우대되고, 요양 병원에서는 간호조무사를 취득해 간호 업무를 함께 맡아 주기를 요구하는 경우도 있다. 보건복지부 면허증이라는 특성상 전문직으로 분류되며, 원한다면 방사선사로서 타 직군 면허를 침범하지 않는 선에서 업무를 할 수 있다. 그러나 타 직군에서 방사선사 업무를 할 경우 의료법 위반으로 처벌받을 수 있다. 또한 공직에서는 9급 의료기술직으로 방사선사 면허 소지자를 뽑기도 한다.

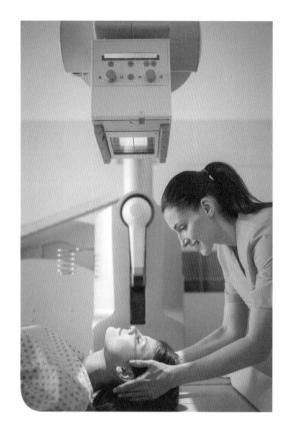

방사선사는 수요에 비해 공급이 과잉된 상태로 졸업 후 대학 병원에 취업하기가 어려운 형편이다. 그러나 방사선 검사는 환자 질병에 따라 촬영이 불가피하고 방사능 자체가 위험하기 때문에 병원 기계화 및 자동화가 이루어진다고 해도 전문가의 손길이 필요한 영역이므로 이런 면은 고용에 긍정적인 영향을 미칠 것이다. 그 밖에 장비업체 및 방사선 관련 산업체 등으로 취업이 가능하다.

Q 방사선사란 어떤 일을 하는 사람이죠?

방사선사는 전문적인 방사선 지식과 방사선 장비를 활용해 질병을 진단하고 또 치료를 위한 기술을 수행하는 직업인입니다.

병원에서 방사선사는 업무 영역에 따라 진단과 치료, 핵의학 방사선사로 구분될 수 있어요. 진단 영역에서 방사선 검사로는 잘 아시는 X-ray, 투시, CT, MRI, 초음파, 유방, 심장 및 혈관 조영, 핵의학 등 다양하게 세분화되어 있는데 저 같은 경우는 진단 파트에서 일하고 있습니다.

Q 방사선사의 주요 업무는 무엇인가요?

진단의 경우 검사업무와 검사한 영상을 확인하고 PACS(Picture Archiving & Communication System, 의료 영상 저장 전송 시스템)를 통해 의료진에게 검사 결과를 공유하게 됩니다. 또 방사선 장비나 기구들의 성능을 수시로 점검해야 하는데요. 언제든 적정 수준을 유지할 수 있도록 관리하고, 또 방사선량이 어느 정도인지 관리하고 환자나 시술자, 또 저희 같은 종사자들의 피해를 막기 위한 보조 장치나 차폐 수단을 준비해 혹시 발생할 수 있는 방사선 피폭에 대한 방어 대책도 미리 마련해 둡니다. 보통 업무할 때 피폭선량을 측정할 수 있는 개인 선량 측정기를 항상 휴대하는데요. 3개월마다 누적 선량도 측정하고 있고 1년에 한 번씩 반드시 정기 검진도 받으며 안전에 대비하기도 합니다.

제가 맡은 영역을 토대로 말씀드리자면 진단 영역에서 가장 기본이 되는 것은 일반 촬영인데 뼈가 부러진 곳이나 가슴 흉부 촬영, 결핵 검사 등이 일반 검사에 해당합니다.

Q 방사선사는 어떤 기술이 필요한가요?

방사선은 자칫 잘못하면 환자나 그 장비를 다루는 사람 모두에게 해롭기 때문에 방사선사는 무엇보다 장비를 잘 다룰 수 있어야 합니다. 예를 들어 X-ray 촬영이나 CT의 경우 모두 엑스선을 사용하는데요. 이 장비들로 검사할 경우 환자 몸의 두께, 크기, 부피 등 체형에 따라 노출시켜야 할 방사선량이 달라지기 때문에 적당량을 맞춰 조절하는 것이 무엇보다 중요하죠. 때문에 엑스레이에 대한 사전 지식과 경험이 중요합니다. 지식 없이 촬영하게 되면 불필요한 엑스레이에 노출될 수 있고 환자의 건강에 오히려 해가 될 수 있습니다.

MRI나 초음파 검사 같은 엑스선을 사용하지 않은 장비도 마찬가지입니다. MRI의 경우 환자가 자기장을 발생시키는 자석이 있는 통에 들어가, 자기장 세기에

방사선사가 되려면 기본적으로 **전문적인 식견과 업무 수행 능력**을 가지고 있어야 해요. 여기에 덧붙여 **응급 상황에 대처할 수 있는 판단력과 순발력**은 필수죠.

맞는 라디오 주파수로 환자의 몸 안에 있는 수소 원자핵을 공명시켜 나오는 신호를 측정하고 밀도를 영상화하는데, 이때도 역시 환자 상태에 따라 라디오 주파수를 몇 초나 줘야 하는지 결정해야 정확한 결과를 얻을 수 있습니다. 따라서 검사할 때마다 방사선사가 판단해서 조절해야 합니다.

Q 방사선사에게 필요한 능력이 있다면 무엇일까요?

아무래도 매사에 꼼꼼해야 합니다. 장비로 환자를 다루는 일이다 보니 작은 것 하나라도 놓치게 되면 큰 사고로 연결될 수 있기 때문이죠. 또한 순간적인 위기 대처 능력도 요구됩니다. 예를 들어 고령의 환자나 잘 움직이지 못하는 환자의 경우 검사도중 응급 상황이 생길 수 있는데 이에 대응할 수 있어야 합니다. 또 검사할 때 조영제(造影劑)라는 약품을 쓰기도 하는데 투약 후 환자분이 이상 행동을 한다거나 숨을 참아야 하는데 못 참는다거나 했을 때는 빠른 대처 능력이 필요합니다.

Q 방사선사라는 직업에 대해 어떻게 알게 되었나요?

고등학교 때까지 방사선사가 정확히 어떤 일을 하는 직업인지 잘 몰랐습니다. 그러다가 입시 때 방사선학과로 지원한다는 친구를 통해 처음 알게 되었고, 저 역시 방사선학과로 진학하게 됐는데요. 제대로 알게 된 건 진학 후 본격적으로 공부를 하면서부터입니다. 방사선사는 검사를 통해 환자의 건강에 도움을 줄 수 있는 일을 하잖아요. 도움을 주는 일이 직업이라는 게 굉장히 매력적이었습니다.

Q 공부하면서 가장 관심 있었던 분야는 무엇인가요?

방사선학과에서는 생물학, 생리학, 영상해부학, 병리학 등 의학과 방사선 전반에 대한 분야를 공부하는데요. 그중에서도 저는 해부학, 특히 영상해부학에 관심이 많았습니다. CT나 MRI 촬영을 통해 뼈와 장기 같은 평소에는 볼 수 없는 것들을 확인하고 또 배울 수 있다는 것이 재미있었습니다.

Q 방사선사가 되려면 어떤 조건을 갖춰야 할까요?

과학 기술이 점점 발달하다 보니 그만큼 저희가 하고 있는 일도 더 중요해지고 있어요. 전문화 되어 가는 분야 중 하나가 방사선과 관련된 의료 기술이 아닐까 싶은데요. 첨단 의료 장비도 다뤄야 하고, 모든 시스템이 전산화되어 있기 때문에 기본적으로 컴퓨터 응용 기술에 능숙해야 하죠. 또 의사와 간호사 같은 의료인들과 원활한 의사소통을 위해서는 의학 용어와 의료 장비 조작에 관련된 전문적인 내용을 모두 파악하고 있어야 합니다. 따라서 방사선사가 되려면 기본적으로 전문적인 식견과 업무 수행 능력을 가지고 있어야 해요. 여기에 덧붙여 응급 상황에 대처할 수 있는 판단력과 순발력은 필수죠.

그리고 무엇보다 체력이 좋아야 해요. 병원은 환자를 중심으로 돌아가는 시스템이기 때문에 교대 근무, 야간 근무 그리고 주말과 공휴일에도 근무를 해야 하기 때문에 강인한 체력은 필수입니다.

08 물리 치료사

1. 물리 치료사란?

물리 치료는 수술 및 화학 요법(약물 요법)이 아닌 전기, 광선, 물, 공기, 소리 및 운동 요법과 각종 기구 및 기계 등 물리적인 소재를 치료 목적으로 개발하여 환자에게 적용하는 것으로, 환자의 고통을 경감시키고, 기능을 회복시켜 정상적인 사회 활동을 하는 데 도움을 주기 위한 물리적인 치료법이다. 물리 치료사는 의료기사로, 근육이나 관절에 통증이 있을 때 병원에서 열이나 광선, 전기 등을 이용하여 물리 치료를 하는 사람이다.

의사가 치료 계획을 세우고 처방을 내리면 물리 치료사는 환자에게 다양한 치료 서비스를 제공하고 그 결과를 기록하여 의사에게 보고한다.

물리 치료 관련 의료 기술이나 의료 기기가 하루가 다르게 발전하고 있으므로 물리 치료사는 이에 발맞추어 꾸준한 공부와 노력을 해야 한다.

2. 물리 치료사가 하는 일

물리 치료사의 업무는 손이나 온열, 전기, 광선 등의 도구를 이용하여 환자의 움직임과 기능적인 신체 능력을 최대한 회복하고 증진시키고, 정상적으로 만드는 것이다. 기계 및 기구 치료를 이용하여 마사지, 기능 훈련, 신체 교정 운동 및 재활 훈련과 이에 필요한 기기, 약품의 사용 및 관리 등의 업무를 한다.

물리 치료를 필요로 하는 사람은 사고나 질병, 또는 선천적 요인으로 근육이나 뼈에 이상이 있거나 통증이 있는 경우, 소아마비 · 뇌성마비 등을 교정할 필요가 있는 경우, 운동선수가 부상을 예방하고 부상당했을 때 빠른 회복을 위한 경우, 출산 전후 여성을 운동으로 치료할 경우 등이다.

특히 장기간의 치료 서비스를 필요로 하는 장애인에게 물리 치료는 재활을 위한 필수 과정이다. 물리 치료사는 장애인에게 적절한 시기에 양질의 치료를 시행하여 이차적으로 발생할 수 있는 기형이나 영구 장애를 예방하고, 장애를 앓고 있는 부위 외의 다른 기관의 손실을 막도록 도와주는 역할을 한다.

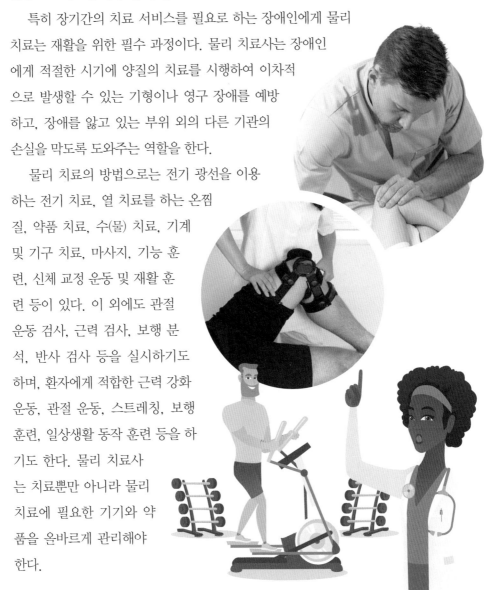

물리 치료의 방법으로는 전기 광선을 이용하는 전기 치료, 열 치료를 하는 온찜질, 약품 치료, 수(물) 치료, 기계 및 기구 치료, 마사지, 기능 훈련, 신체 교정 운동 및 재활 훈련 등이 있다. 이 외에도 관절 운동 검사, 근력 검사, 보행 분석, 반사 검사 등을 실시하기도 하며, 환자에게 적합한 근력 강화 운동, 관절 운동, 스트레칭, 보행 훈련, 일상생활 동작 훈련 등을 하기도 한다. 물리 치료사는 치료뿐만 아니라 물리 치료에 필요한 기기와 약품을 올바르게 관리해야 한다.

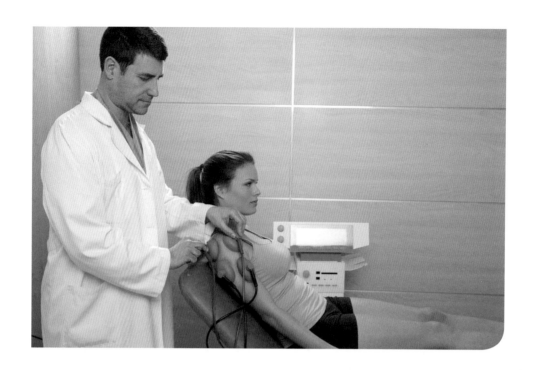

물리 치료가 필요한 질병

영역	질병
정형외과	골절 후 운동 장애 및 기능 장애, 관절염, 염좌, 테니스엘보우 관절 장애, 오십견, 척추 측만증, 골반 및 척추 변형, 자세 교정, 스포츠 손상 중 관절 및 인대 손상, 퇴행성질환
신경외과	신경마비, 편마비(중풍), 말초 신경 장애, 좌골 신경통, 신경통, 추간판 탈출증(경추, 요추), 기타 각종 신경질환
재활의학과	소아마비, 뇌성마비, 뇌 및 척추 손상 후유증, 절단 후 일상생활 동작 운동 기능 장애, 근위축, 기타 재활에 필요한 물리 치료, 기타 영역 연부 조직 손상(타박상, 근좌상, 근염, 근육통 등), 인대, 산전, 산후조리, 스포츠 손상

3. 물리 치료사가 되는 방법

물리 치료사가 되기 위해서는 4년제나 3년제 대학의 물리치료학과를 졸업하고 한국 보건의료인 국가시험원 물리치료사 면허시험에 합격해야 한다. 면허를 딴 후에는 주로 병원의 물리 치료실에서 근무하고, 의료 기관 이외에도 재활원이나 장애인 복지관 등에서 일하는 경우도 있다. 프로 야구 구단에 소속되어 팀의 전속 물리 치료사로 일하거나 축구 국가 대표 팀의 물리 치료사가 될 수도 있다. 그 외에도 아동 발달 센터라든지 연구소 등 다양한 곳에서 일할 수 있다.

또한 다른 직종에 비해 취업률이 높은 편이다. 병원뿐만 아니라 보건 의료 기관, 사회 복지 시설, 재활 센터 등 다양한 기관 및 시설에 취업할 수 있다. 하지만 업무 특성상 환자를 들어 올리거나 이동시키는 등의 일을 하면서 근육 사용이 많아 근골격계 통증 발생이 많은 단점이 있다.

물리 치료사는 신체적·정신적으로 다양한 장애가 있는 사람들을 치료하므로 장애 및 연령에 따라 개개인의 환자 치료 시 주의해야 한다. 비교적 장시간 동안 치료가 이루어지기 때문에 환자와의 유대 관계 형성도 중요하다.

4. 물리 치료사의 직업적 전망

보건소의 경우, 일반 공개 채용 공무원 시험보다 경쟁률은 덜 하지만, 자리가 쉽게 나지 않는다. 개인 병원이 많다 보니 직업 환경은 천차만별이긴 하지만, 우리나라에서는 취업이 잘 되는 과로 유명하다. 물리 치료 자체에 대한 선호도 높은 편이어서, 물리 치료사의 직업적 전망은 밝다. 인구 고령화가 빠르게 진행되면서 퇴행성관절염과 같이 노인성 질환에 시달리는 사람의 숫자가 가파르게 증가하고 있으며, 오랜 시간 컴퓨터를 사용하여 작업하는 사람들이 많아짐에 따라 목이나 척추 질환 등으로 고통받는 사람이 늘고 있기 때문이다. 특히 인근 거주 노인들에게 인기가 많아 동네 병원에서도 시행하고 있고, 일정 규모 이상의 병원이라면, 물리 치료사를 두고 있는 경우가 많다. 또한 교통사고가 늘어나고, 주말에 각종 스포츠를 즐기면서 타박상을 입는 경우도 많아지고 있다.

물리 치료사는 주로 병원에서 일하지만 최근 들어서는 스포츠 치료 분야로 진출하거나 한의원에서 일하기도 하는 등 진출 분야가 다양해지고 있다. 이렇게 활동 범위가 늘어나고 있는 점 역시 물리 치료사의 일자리 전망을 밝게 한다.

rview

물리 치료사

이남현

Q 물리 치료사는 어떤 일을 하는 직업이고, 일을 시작하신 건 언제부터인가요?

물리치료학과 졸업 직후 1989년부터 했고요. 서울아산병원은 1996년도부터 일하고 있습니다. 벌써 28년이 됐네요.

물리 치료에는 '재활'의 의미가 담겨 있습니다. 환자분들이 다치기 전 상태로 복귀하는 것이 재활이죠. 성인의 경우를 먼저 설명해 드리면, 여러 가지 사고로 인해 머리를 다치거나 골절을 입은 환자들을 의사가 수술이나 처치 등을 통해 일차적으로 치료하고 이후 재활, 즉 정상 생활을 할 수 있도록 만들어 주는 것이 저희의 일입니다.

뇌성마비나 발달 질환을 앓고 있는 소아의 경우에는 정상적인 움직임을 스스로 잘 모르거든요. 태어나면서부터 하는 동작들을 정상으로 알고 있기 때문에요. 저희가 보는 관점의 '정상'과 아이들이 알고 있는 '정상'이 다를 수밖에 없어요. 따라서 발달 단계상의 '정상 패턴'을 학습시켜 주기 위해 물리 치료가 필요합니다.

Q 물리 치료 과정은 어떻게 진행되나요?

의사가 진료를 통해 한 환자에게 필요한 처방을 하면 저희는 그것에 맞게 물리 치료를 하죠. 물리 치료 처방에는 운동 치료, 열전기 치료 등이 있는데 처방이 나오면 그 처방을 보고 먼저 환자에 대한 평가를 하고 치료를 시행합니다.

Q 어떤 평가를 하는 것인가요?

의사들은 진료나 외래 시에 환자의 상태를 검사하고 병리학적 · 방사선과적인 검사를 통해 진단하고 처방을 하잖아요. 그러면 저희 물리 치료사는 직접 환자의 상태나 움직임의 정도 등을 통해 평가를 합니다. 어디 더 아픈 곳은 없는지, 어떤 치료에 더욱 집중해야 할지 등을 분석 평가하죠. 이렇게 의사의 처방과 물리 치료사의 평가를 통해 환자에 맞는 적절한 물리 치료가 진행됩니다.

Q 물리 치료사는 환자를 어떤 식으로 치료하게 되나요?

물리 치료의 방법으로는 근골격계 질환을 갖고 있는 환자분들은 열전기 치료나 마사지를 통해 통증 이완을 목적하는 경우가 하는 경우가 있고, 중추 신경계 질환의 경우는 물리 치료사가 환자와 직접 신체를 접촉하여 움직임을 만들어 주고 운동 기구를 이용해서 통증을 이완시켜 주거나 근력 증진 등을 돕는 치료 등이 있습니다.

Q 치료할 때 특히 중요하게 여기는 점이 있다면요?

> 제일 중요한 것은 **환자를 사랑하는 마음**인 것 같아요. 진심으로 걱정하고 사랑하면서 **내 가족처럼 내 아이를 돌보듯 환자를 치료하는 것**이 무엇보다 중요합니다.

저는 소아를 전문으로 치료하는데요. 어린이들은 정상적인 움직임에 대한 개념이 제대로 정립되어 있지 않기 때문에, 만일 저희가 잘못 치료하면 곧 잘못된 움직임이 어린이들에게 입력될 수 있어요. 어린이들은 성인보다 살아갈 날이 더 많잖아요. 저는 어린이들을 치료할 때 남은 인생을 책임져야 한다는 마음으로 치료를 해야 한다고 봐요. 소명 의식이죠. 치료를 할 때 이 마음가짐이 가장 중요하다고 생각합니다.

Q 처음부터 소아 전문으로 일을 시작하셨나요? 전공 때부터 나뉘나요?

예, 저는 처음부터 어린이를 대상으로 일을 시작했습니다. 소아 재활 치료지요. 전공할 때부터 나뉘는 건 아니고 대개 임상 실습하면서 소아인지 성인인지 선택하게 되는데, 제 경우에는 학교에서 임상 실습을 할 때 소아를 맡았고, 그때 소아 치료사를 해야겠다는 생각을 했어요.

Q 그렇게 생각한 이유는 무엇인가요?

제가 임상 실습하던 곳에서 보이타 치료(뇌성 마비 환자를 치료하는 방법 중 하나)를 하게 되었는데요. 제가 실습했던 80년대 후반에는 보이타 치료가 뇌성 마비 아동에게는 더 전문적인 치료법이었어요. 그래서 내가 가야 할 방향으로 생각하고 접근하게 되었죠. 때문에 제가 물리 치료사라는 직업을 계속한다면 좀 더 힘없고 어린아이들을 치료해야겠다는 생각이 들었고, 이후 본격적으로 시작하게 됐죠.

Q 일을 하시면서 힘든 부분이 있다면요?

안 좋은 소식 듣게 될 때가 가장 힘들어요. 일주일에 한 번씩 치료받던 아이들이 안 오면 전화를 드리거든요. 그때 '연락 못해서 미안합니다. 우리 아이가 하늘나라에 갔어요.' 이런 얘기를 들을 때가 가장 가슴 아프죠. 물리 치료사는 환자와 직접 접촉하며 치료하기 때문에 아무래도 애착이 더 많이 갑니다.

Q 이 직업은 처음에 어떻게 알게 되셨어요?

고등학교 때 방사선학과와 치기공학 쪽을 생각하고 있는 선배 한 명을 알게 됐는데 그분이 저한테 그러셨어요. 치기공이나 방사선은 환자와 직접 대면하지 않고 기술적인 부분을 주로 다루는 반면 물리 치료사는 환자와 1:1 대면하는 직업이라고, 만일 의료 쪽으로 생각이 있다면 제 성격에는 물리 치료사가 더 잘 맞을 것 같다고요.

물리 치료사가 되기 위한 조건으로 임상 실습을 8주에서 12주, 많이 하면 16주를 하거든요. 의대에서 의사들이 인턴 과정을 거치는 것처럼 물리 치료사는 8~12주 정도 실습을 해요. 병원을 돌아다니면서 하는데 우리 병원에 오는 학생들한테 항상 물어봐요. 왜 물리 치료사가 되고 싶냐고. 그러면 그 학생들이 얘기하는 게 가족 중 누군가 아파서 물리 치료사에게 치료받았던 경험이 있거나 아니면 가족 중에서 의료계 종사하는 분이 있는 경우가 많더라고요.

Q 전공을 선택한 후 어땠나요? 생각만큼 잘 맞았나요?

예상보다 더 힘들었어요. 공부할 분야도 광범위했고. 무엇보다 물리 치료사로 일을 시작하면서 환자를 대하는 부분도 어려웠지만 특히 환자의 보호자들과의 관계가 제일 어렵더라고요. 신입 시절에는 특히 더 어려웠어요. 환자의 가족 입장에서는 새로 입사한 선생님이 내 자식을 치료하는 게 별로 달갑지 않았을 거예요. 그런 부분에서 많이 상처받았죠. 학부 시절 열심히 공부했고 나름대로 환자 한 명 한 명에게 최선을 다해 치료했는데, 보호자들이 불신하고 또 그것을 표현하니까 그런 부분들이 힘들었죠. 그래서 한동안 이 일을 그만둘까 하는 생각도 들었어요.

그런데 어떻게 극복하셨어요?

하지만 그건 한순간인 거 같아요. 주변에서 뭐라고 하던 제가 한번 맡은 아이에게는 최선을 다해 치료해야 한다, 이 아이는 내가 책임져야 할 아이다… 이런 생각으로 치료했어요. 그 마음 하나만 보고 했어요. 그러다 보니 옆에서 지켜보던 보호자들도 서서히 함께 느끼고 수긍하더라고요. 지금도 치료할 때 그 마음은 변함없어요. 저의 경우에는 이 직업이 천직이라는 생각이 들어요.

물리 치료사가 되려면 어떤 자질이나 성격을 지녀야 할까요?

제가 경험한 바로 제일 중요한 것은 환자를 사랑하는 마음인 것 같아요. 진심으로 걱정하고 사랑하면서 내 가족처럼 내 아이를 돌보듯 환자를 치료하는 것이 무엇보다 중요합니다. 그러다보면 자연스럽게 환자와 보호자를 배려하게 되고 희생과 봉사가 따르게 되죠. 우리 병원의 경우 한 달에 한 번씩 장애인 시설에 가서 봉사를 하거든요. 그곳에 있는 아이들은 아무래도 물리 치료를 받을 수 있는 기회가 적으니까요. 그런데 어느 날 그곳에 계시는 신부님이 그런 말씀을 하시더라고요. 자원봉사자들 가운데 선생님들은 가장 좋은 봉사 도구를 가지고 있다고요.

가장 좋은 봉사 도구라고요?

예, 이 도구를 잘 활용하기 위해서는 아까도 말씀드렸지만 무엇보다 중요한 게 환자나 보호자와의 신뢰 관계를 잘 이뤄갈 수 있어야 해요. 처음 물리 치료사로 오는 선생님들은 대개 1년 차 때 한 번씩 울어요. 환자와 보호자에게 상처받아서. 그때마다 제가 얘기해요. 먼저 자신감을 가지라고. 자신감이 없으면 내가 이 환자를 책임질 수 있다는 마음을 먹기 힘들거든요. 더 많은 자신감을 갖기 위해

서는 더 많은 공부를 해야 해요. 우리 병원의 경우에는 공부를 많이 해야 해요. 소아 치료실의 경우 콘퍼런스를 많이 하는데, 힘들 때도 있지만 그만큼 남는 게 많아요. 어떻게 보면 대학교 다닐 때 공부한 것보다 임상 나와서 한 게 더 많습니다.

특히 물리 치료 공부는 대학에서 끝나는 게 아니라 대학을 졸업하는 시점부터 다시 시작이라고 봐요. 게다가 소아 물리 치료의 경우 더욱 그래요. 학교 공부가 성인 위주의 커리큘럼이라 소아 치료 분야를 택한다면 다시 시작해야 하죠. 따라서 계속 배움에 대한 자세가 필요한 직업이라고 볼 수 있습니다.

그만큼 보람도 클 듯합니다.

예, 그중 중환자실의 아동들이 특히 그런데요. 제가 맡은 환자 중 임신 23주에 380g의 몸무게로 태어난 아기가 한 명 있었어요. 너무 일찍 태어나 엄마 뱃속에서 움직임 자체를 경험하지 못했기 때문에 엄마 뱃속의 움직임을 만들어 줘야 했어요. 보통 임신 36주에서 38주에 출산을 하는데, 38주가 되면 뱃속 공간이 좁아지면서 태아가 C자 모양으로 구부려 있어야 하거든요. 그래야만 복근이나 등 근육이 발달하고, 또 팔다리가 모아져 있기 때문에 자연스럽게 팔다리를 움직이게 되어 있어요. 누군가 만들어 주지 않아도 자연적으로 이루어지는 현상인데, 24주에 출생한 아기들은 그런 움직임에 대한 경험이 없기 때문에 물리 치료사가 직접 그 움직임을 경험할 수 있도록 만들어 주는 거죠. 뱃속에서의 상태와 똑같이 몸이 굴곡될 수 있도록 C자로 만들어 그 상태를 유지할 수 있도록 하면 자연스럽게 근육이 발달되고, 발을 차거나 손을 뻗거나 이런 운동을 할 수 있도록 물리 치료사가 손으로 직접 그 상황을 만들어 주는 거죠. 즉 엄마 뱃속에서의 경험을 시켜 주는 거예요. 이렇게 치료받은 아이들은 이후에 좋아져 집에 가고, 가끔 외래 진료를 받으러 와서 "선생님 저 왔어요." 하며 걸어 들어오는 모습을 볼 때면 정말 눈물이 나요. 이 아이들을 보고 '아, 내가 이런 일을 하는구나. 내가 해내는 일이구나'를 절실히 느끼죠.

09

작업 치료사

1. 작업 치료사란?

세계보건기구에서 발표한 WHO 세계 장애 보고서에 따른 '재활'의 의미를 살펴보면, 기능의 상실을 겪은 사람들이 최대 기능을 되찾을 수 있도록 돕는 것으로, 선천적으로나 이른 시기에 장애를 얻은 사람들의 기능을 최대화하도록 돕는 '가활'과는 다르다. 이때 기능 증진이란, 신체 구조나 기능적 증진에 국한되지 않는다.

작업 치료란 신체적 장애와 정신적 장애를 가진 사람, 또는 그것이 예측되는 사람들에게 의미 있는 치료적 활동인 '작업'을 통해 기능을 향상시키는 분야이다. 손상이나 질병, 질환, 장애 등으로 기능이 저하된 사람들이 능동적인 삶을 영위할 수 있도록 치료, 교육, 중재하는 보건 의료의 전문 분야이다. 작업 치료사는 작업을 통해 독립적인 활동 및 삶의 의미를 찾아주고, 가정과 사회로 복귀할 수 있도록 돕는다.

여기서 작업이란 삶에서 일어나는 의미와 목적이 있는 모든 활동을 말하며, 미국작업치료사협회에 따르면 작업 치료 임상 체계에서는 작업의 영역을 수면 및 식사 등의 개인의 일상생활 활동과 컴퓨터를 사용하고 쇼핑하는 등의 복합적 일상생활 활동, 휴식이나 교육, 여가, 사회적 참여로 분류한다.

작업 치료사는 물리 치료사와 더불어 보건복지부 면허를 취득한 치료사라는 명칭을 사용할 수 있는 의료기사 직종에 속한다.

작업 치료사는 작업과 건강이 서로 관계가 있다는 전문적인 신념을 가지고, 인간을 작업적인 존재로 보는 사람이다. 작업 치료사는 신체와 정신 건강뿐만 아니라 삶에서 수행하고 참여하는 활동과 참여 영역을 건강의 요인으로 포함하는 관점을 바탕에 둔다.

2. 작업 치료사가 하는 일

인간의 건강한 삶이란 단순히 질병과 증상이 없는 상태만을 뜻하지는 않는다. 인간답게 기능하는 삶을 영위하고, 자율성을 지니고 살 때 건강한 삶이라고 말할 수 있다. 따라서 작업 치료사는 질병을 치료하는 일과는 별도로 질병으로 인해 낮아진 삶의 질로 위축되고 불편을 겪는 많은 사람들에게 스스로 인간다운 삶을 영위할 수 있도록 돕는 중요한 역할을 한다.

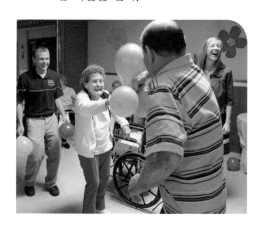

작업 치료사는 질병 자체보다는 질병으로 인한 기능의 저하에 관심을 둔다. 작업 치료사는 상담, 평가, 중재, 치료, 교육 등을 통해 환자들이 어려움을 극복하도록 돕는다. 이들은 환자와 함께 문제점을 발견하고 환자 스스로 기능하는 삶을 살 수 있도록 지원하는 업무를 하고 있다.

특히 작업 치료사들의 손길이 필요한 환자

는 인지 장애나 언어 장애, 발달 장애를 겪고 있는 환자, 정신 이상 및 신체 손상을 입은 환자들이다. 이들이 일상생활을 정상적으로 영위하도록 지원하며 함께 훈련한다.

구체적으로 살펴보면, 활동 참여와 관련된 신체 기능 향상을 위한 감각 운동 활동이나 일상생활 치료와 손 기능 훈련과 같은 신체기능 증진 훈련, 지각 기술 훈련, 정

○ 작업치료학과 재학생이 실습실에서 일상생활 동작 실습하는 모습

신 사회적 지각 훈련, 인지 향상을 위한 접근, 심리 사회적 접근, 삼킴 장애 치료, 학교나 직장에서의 실제 생활을 위한 활동 훈련, 분석적 연습, 활동을 이해하는 인지-작업 접근, 직업 복귀 및 여가 활동 지도, 주거 환경 평가 및 집단프로그램, 상담, 교육, 중재, 컨설팅, 사회 제도 연결 등의 많은 업무를 한다.

작업 치료사의 고유한 역할은 무엇보다 환자의 실제 생활에 변화를 초래하면서 그 사람에게 의미 있는 활동을 할 수 있게 치료 활동을 반드시 연결한다는 점이다. 작업 치료사는 환자가 자신의 상태에 맞는 활동을 선택할 수 있도록 여건을 조성하여 환자가 장애를 가진 상태에서도 최대한 만족스러운 삶을 살 수 있도록 돕기 위해 노력한다.

3. 작업 치료사가 되는 방법

작업 치료사가 되기 위해서는 4년제나 3년제 대학에서 작업치료(학)과를 전공해야 한다. 그 후 국가시험에 합격한 후 보건복지부로부터 작업 치료사 의료기사 면허증을 취득해야 한다.

작업 치료의 학문 영역은 정신의학과 복지, 해부학까지 방대하다. 대학에서 이수하는 수업으로는 해부 생리학과 같은 기초 의학, 사람의 일상생활을 분석하는 활동 분석학, 작업을 평가하고 중재하는 작업 수행 분석, 문화 인류학 등을 배우게 된다. 전 생애 관점에서 각 발달 단계에 필요한 활동과 참여할 수 있는 범위의 삶을 다루어야 하기 때문이다. 국내에서는 드문 신설학과이지만 학과를 둔 대학의 경우, 점차 우수한 교육 환경과 선진국형 교육 환경을 갖추기 위해 노력하고 있다.

작업 치료사는 병원과 같은 의료 기관에 근무할 뿐만 아니라 재활 센터, 보육원, 양로원, 대기업 등에서도 일한다. 업무가 다양한 만큼 작업 환경이 다양할 것으로 예상되나, 의료기사의 경우 의사의 처방전이 필수이기 때문에 90% 이상 병원에서 근무한다. 주로 재활의학과 전문의와 함께 일하게 된다. 종합 병원이나 대학 병원보다는 재활 병원

이나 요양 병원에 많이 취업하는 편이다.

작업 치료사의 자질로는 우선 환자의 신체적·심리적 상태를 이해하고 배려할 수도 있어야 한다. 특히 환자의 신체 기능을 회복시키는 일은 매우 어렵고 인내의 시간이 필요하기 때문에 치료를 포기하지 않고 끈기 있게 환자를 치료하는 것이 중요하다. 또한 지속적인 치료로 환자와의 유대 관계를 형성하는 것도 중요하다.

작업 치료의 경우 병원에서만 하는 것이 아니라 치료 대상자가 있는 곳을 직접 방문하여 치료하기도 한다. 대개 재활이 필요한 중병이나 심각한 신체적 손상을 입지 않는 한 일반인들은 접하기 어려울 수 있다. 따라서 작업 치료사는 환자나 타 전문가에게 작업치료를 소개해야 하는 경우가 많다. 추가로 관련 자격증을 취득한다면, 요양보호사 등으로 일할 수도 있다.

4. 작업 치료사의 직업적 전망

최근 사회 복지 제도가 확대되면서 장애 아동을 위한 바우처 사업이 증가하고 있으며, 노인 인구 증가에 따른 재활 수요 증가, 요양 병원 및 재활 병원 증가 등으로 작업 치료사의 일자리에 긍정적인 영향을 끼치고 있다. 또한 인구 노령화와 각종 산업 재해, 교통사고 등으로 장애인이 되거나 만성 질환을 앓는 환자도 늘고 있다. 이렇게 재활 수요가 커지고 있는 점 또한 작업 치료사의 일자리에 밝은 전망을 가져다준다.

작업 치료사가 우리나라에서는 아직 낯설지만 미국 등 선진국에서는 유망 직종에 속한다. 2010년 미국에서 '미래 최고의 직업 100개'를 조사했을 때 작업 치료사가 9위에 올랐다. 이 조사는 연봉, 업무 만족도, 성장 가능성, 직업 안정성 등을 종합적으로 평가해 순위를 결정한 것이다. 미국에서는 고소득에 안정적인 직업으로 여겨지고 있다. 우리나라에서도 아직 모든 병원에서 작업 치료사의 수요가 있지는 않지만, 작업 치료사는 성장 가능성이 높은 직업으로 꼽히고 있다.

10 약사

1. 약사란?

약사는 환자 치료에 직접적으로 관여하는 보건 의료인으로, 의약품 사용에 관한 안전과 효과에 초점을 맞추어 업무를 수행하는 사람이다. 약에 대한 전문가로서 약을 통해서 질병을 치료하고 사람들이 건강하게 살아갈 수 있게 도와준다. 약사법에 따르면 한약에 관한 사항 외에 약사에 관한 업무를 담당하는 자로서 보건복지부 장관의 면허를 받은 자를 말한다. 나라마다 약사의 업무 범위가 달라 공통의 정의를 내리기는 어려우나, 국내에서는 약사법 제정 전에는 약제사라고도 불렸다.

약사는 근무 환경에 따라 부르는 이름이 다르다. 개설 약사는 자신의 약국을 개설한 약사를 말하며, 관리 약사나 근무 약사는 약국에 고용되어 근무하는 약사를 말한다. 병원 약사는 병원에서 근무하는 약사를, 공직 약사는 식약청 등의 공공 기관에서 근무하는 야사를 말한다. 제약 약사는 제약회사나 판매회사에서 근무하는 약사를 말하며, 한약사는 한약 및 한약 제제에 대한 전문인을 말한다. 또한 근무 형태에 따라서도 부르는 이름이 달라진다. 하루 10시간 정도 근무하는 약사는 책임 약사라 부르고, 하루에 몇 시간만 일하는 약사는 시간제 근무 약사, 주말에만 근무하면 주말 근무 약사라고 한다.

약은 선택 방법에 따라 전문 의약품과 일반 의약품으로 나누어진다. 일반 의약품은 부작용이 적은 약으로 처방전 없이도 약국에서 살 수 있는 약이다. 전문 의약품은 의사의 처방전이 필요한 약으로 부작용에 대한 세심한 주의가 필요하다. 약사는 의사의 처방에 의해 사용되는 약이 적절하고 안전한지를 한 번 더 점검하거나, 환자가 일반 의약품을 올바르게 선택하고 사용할 수 있도록 도와준다.

2. 약사가 하는 일

약사는 의사의 처방전에 따라 의약품을 검토하고 조제하거나 약을 판매하고, 조제한 약의 복용 방법을 환자에게 지도 및 조언하며, 알고 있는 지식을 바탕으로 처방자와 환자 사이를 중개하는 역할을 주로 한다. 즉, 약사는 환자와 보건 의료인의 접점이 될 수 있어 환자의 약물 관리와 의사와 환자 간의 의사소통 측면에서 주요한 역할을 한다. 현재 가장 중요한 약사의 역할로는 약물적 관리이다. 약물적 관리란 환자의 질병 상태, 투약 오류의 감소, 복약 순응도 증가, 만성 질환 상태 관리 등을 포함한다. 그 밖에 약의 생산 및 조제 등 도매, 산업, 연구, 학술, 국방, 정부, 제약회사에 근무하면서 신약을 개발하거나 식품 의약품 안전처 등의 공공 기관에 근무하는 경우도 있다.

가장 일반적인 약사의 업무는 지역 약국 약사 또는 병원 약사로 주로 의약품의 부적절한 사용과 부작용 등에 대한 상담을 수행한다. 약사는 환자의 건강이나 진행을 관찰하면서 의약품 사용의 효과와 안전을 책임지고 있기 때문에 많은 나라에서 약사는 보건 의료 서비스 제공자로 규제를 받기도 한다.

❶ **약국 근무**: 약사의 가장 중요한 업무는 의사가 처방한 약을 지어 환자에게 제공하는 것이다. 약을 짓기 전에 의사의 처방전을 검토하여 환자의 나이나 질병에 따라 약의 용

량이 맞는지 확인하고, 필요에 따라서는 의사와 상의하여 처방된 내용을 정정하기도 한다. 또한 같이 처방된 약물들의 상호 작용과 부작용 등을 검토하기도 한다.

약을 지은 후에는 약을 먹어야 하는 시간, 약을 보관하는 방법, 주의 사항 등을 환자나 환자의 가족에게 설명하는 등 상세한 복약 상담과 건강 상담까지 할 수 있다. 또한 약을 먹을 때 피해야 할 음식이나 약의 부작용, 그 대처 방법 등도 함께 일러준다.

또한 약사는 약국에 있는 약들을 유효 기간이나 보관 원칙에 맞게 관리해야 한다. 약에 따라서 냉장 보관을 하거나 빛을 받으면 안 되는 것들이 있다. 그리고 자신이 조제한 약과 독성 물질이 있는 약의 판매 사항을 기록으로 남기고, 환자의 약력을 관리한다. 약력이란 그동안 환자가 복용한 약의 기록과 체질상 특정한 약의 부작용은 없는지, 오랫동안 앓고 있는 병은 없는지 등을 기록한 것으로 약사는 환자의 약력을 검토해 약을 조제할 때 참고한다.

❷ **병원 근무:** 병원에서 근무하는 약사는 입원해 있는 환자들의 약을 조제한다. 병동 주치의가 처방한 약을 환자의 상태에 맞게 투여하기 쉬운 형태로 조제하는 것이다. 또한 항암제나 주사제 등 좀 더 전문적인 약을 조제하거나 관리한다. 병원에서는 각 환자마다 얼마의 약물이 투여되었는지를 정리해 두고 있으므로 약사는 조제하기 전에 이를 확인하여 중복 투약이나 약물 간의 상호 작용, 배합 등을 검토해야 한다.

❸ **제약회사 근무:** 제약회사에서 근무하는 약사는 질병의 예방과 치료를 위해 새로운 의약품을 연구하여 개발하고, 약품의 효능을 재평가하거나 부작용에 대해 연구한다. 아니면 임상 시험 전문 기관에서 약제를 연구하거나 약물의 안정성을 검사하는 일을 한다.

❹ **공공 기관 근무:** 공무원 시험에 합격해 공직 약사가 되면 보건복지부, 식품 의약품 안전처, 보건소 등의 공공 기관에서 근무할 수 있다. 공직 약사는 새로운 식품첨가물, 화장품, 농약 등의 독성 및 안전성을 평

가하여 그 결과를 알리는 일을 주로 한다. 또 의약품 특허 업무를 담당하는 변리사가 될 수도 있다.

3. 약사가 되는 방법

약사가 되려면 대학의 약학과에서 공부한 후 약사 국가시험에 합격하여 약사 면허를 받아야 한다. 약학은 다시 제약학과 약학으로 구분하는데, 제약학은 약을 만드는 것에 관해 중점적으로 연구하고, 약학은 약의 사용에 관해 중점적으로 연구한다.

약사는 의약품의 생화학적 작용 기전, 약물 사용, 치료적 기능 부작용, 잠재적인 의약품 상호 작용, 모니터링 파라미터 등을 이해하기 위해 대학교 학부 수준의 교육을 이수해야 한다. 교육 과정에서는 약물학, 생약학, 화학, 유기 화학, 생화학, 의약 화학, 미생물학, 약제학, 생리학, 해부학 등을 학습하고, 약국 실습 및 치료, 처방 등을 학습한다. 면허증을 얻기 위한 조건으로 국가에 따라 약학사 또는 약학 박사 학위를 요구하기도 한다.

2009년부터 약사가 되기 위한 과정이 조금 변경되었다. 이전에는 약학과, 제약학과 등에 입학해 4년 과정을 마치고 약사 국가 면허시험에 합격해야 했다. 그런데 지금은 약학 대학이 아닌 다른 학부나 학과에 입학해 2년 이상 기초 및 교육 과정을 마친 후 4년 동안 약학 전공 및 실무 교육 과정을 배우는 6년제 교육을 받고 국가시험을 보는 것으로 변경되었다. 전공에 관계없이 다양한 학과에 입학하여 2년 이상 수료 후 약학 대학에 입학하는 것이다.

다른 학과에서 공부하는 2년 동안에는 일반 화학, 생물학, 물리학, 유기 화학 등 약학과 관련된 과목을 공부해야 한다. 이 기간 동안 좋은 학점을 받고, 외국어 능력 등 대학별로 요구하는 지원 자격을 갖춰야 하며, 약학대학입문시험(PEET)을 통과해야 한다.

약국 외에 약의 생산 및 조제 등 도매, 산업, 연구, 학술, 국방, 정부, 제약회사에 근무하면서 신약을 개발하거나 식품 의약품 안전처 등의 공공기관에 근무하는 경우도 있다.

약사는 약에 대한 전문적인 지식도 중요하지만 환자들을 대하는 만큼 의사소통 능력과 환자에 대한 따뜻한 마음과 배려가 요구된다. 불안해하거나 짜증이 가득한 사람들을 하루 종일 상대하게 되므로 약사 자신의 스트레스 관리에도 신경 써야 한다. 또한 의약 분야의 지속적인 발전으로 인해 꾸준히 공부하고 연구하는 자세가 필요하다.

4. 약사의 직업적 전망

인구가 고령화되고 최근 식품과 약품의 안정성이나 효율성에 대한 사람들의 관심이 많아져서 약사의 활동 영역은 더욱 넓어질 것으로 전망된다. 또한 약물 치료와 보건 의료 체계의 다른 영역에서의 의존성 때문에 약사의 임상 상담 요구는 증가할 것으로 보인다.

신약 개발이 계속되고 의료 서비스의 발전으로 특수 약물이 늘어나면서 이런 약물들에 대한 전문가인 약사의 수요가 더욱 절실해졌다. 이뿐 아니라 약사의 활동 영역이 다양화되면서 제약회사 및 식품회사의 연구 및 품질 개발 분야, 약품의 임상 시험 관리 분야, 그리고 식약처 등 공공 기관에서 행하는 의약품이나 식품 등의 안전 관리와 정책 입안 등의 분야에서도 약사의 활동이 활발할 것으로 기대된다. 이런 다양한 이유로 앞으로 약사의 직업 전망은 매우 밝다고 할 수 있다.

더구나 약사 면허를 취득한 사람 중 여성의 비율이 높기 때문에 결혼이나 출산 등의 이유로 이직, 전직이 일어나는 경우도 잦고, 일부 지역에서는 약사 채용에 어려움을 겪고 있어 앞으로 대체 수요에 의한 고용도 지속적으로 발생할 것이다.

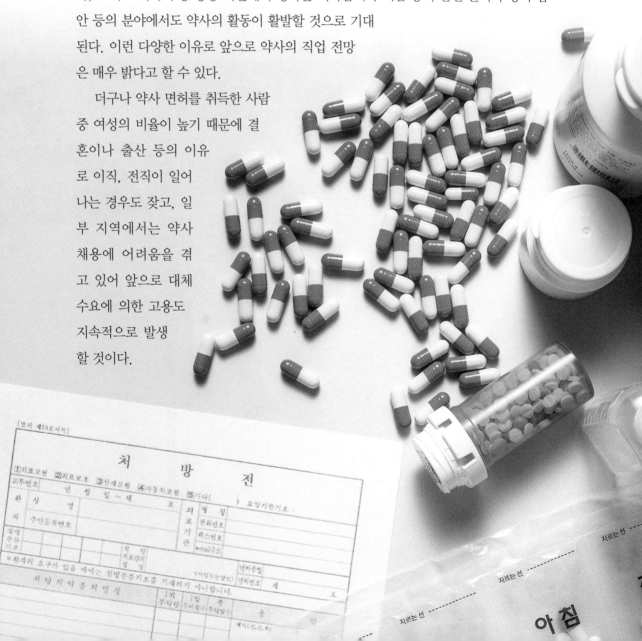

직접적으로 만나지 않더라도 병원을 매 개로 만나게 되는 수많은 직업들이 있다.

이들은 의료 서비스 산업 측면에서 우리 가 흔히 만날 수 있는 직업들이다. 이들 을 통해 보건 의료 계통의 다양한 직업 세계를 알아보자.

Company

Hospital

V 어떤 직업들이
병원과 연결되어
있을까?

H o s p i t a l

01

의무기록사

1. 의무기록사란?

병원에 가면 방문한 환자의 기록을 찾기 위해 각종 차트나 서류를 찾아보는 간호사의 모습을 볼 수 있다. 간호사가 찾는 것은 '의무기록'으로, 이는 환자의 질병과 관련된 정보와 병원이 진단과 치료를 위해 시행하는 모든 내용을 기록한 법적 문서이다.

의무기록은 첫째, 환자에게 일관성 있는 치료를 제공하는 근거 자료로 쓰이며, 둘째, 여러 치료자들 사이의 의사 전달 도구로 사용되기도 한다. 셋째, 의학 연구 및 교육에 필요한 중요한 임상 자료가 되기도 하며, 넷째, 병원 내 사고, 수술 중 사망 등 의료 사고로 인한 법적 문제 발생 시 병원, 환자, 의사를 보호하는 증거 자료가 되기도 한다. 다섯째, 환자에게 제공된 의료의 질을 검토하는 평가 도구로 활용되기도 하며, 여섯째, 보건 의료 통계의 기초 자료(예를 들어, 사망률, 암 발생률, 전염병 통계 등)로 사용된다. 마지막으로 진료비 산정의 근거가 된다.

의무기록사는 이렇게 중요한 의무기록을 전문적으로 기록하는 사람이며 법률적으로 의료기사에 속한다.

2. 의무기록사가 하는 일

하루 동안 새로 생성되는 의무기록은 대형 병원의 경우 약 1,000여 건, 누적 보관 의무 기록 건수는 2백만 건이며, 생성된 의무기록을 하루 동안 이용하는 건수도 8,000여 건에 달한다고 한다. 그러므로 의무기록사는 많은 양의 의무기록을 체계적으로 보관, 관리하고 의무기록의 내용을 분석하여 이용 시 적시에 사용할 수 있도록 지원해야 한다.

의무기록사의 주된 업무는 환자의 진료 기록 및 정보를 검토하고, 분류하여 이를 일정한 순서에 따라 체계적으로 보관 및 유지하여 이를 확인하는 것이다. 또한 의무기록사는 의료기관에서 질병 및 수술 분류, 진료 기록의 분석, 진료 통계, 암 등록, 전사 등에 대한 관리 업무를 한다. 의무 기록을 분석하여 필요한 정보를 요약하고 통계 자료를 작성하며, 미비한 의무 기록이 발견되면 검출 목록을 작성하여 담당자에게 알리는 업무도 하고 있다.

특히 의료진이 차트가 필요할 때 신속하고 정확하게 대출 및 관리하기 위해 외래 및 입원 환자로 구분하여 관리하고, 의무기록에 기록된 진단명, 처치, 수술, 검사 등에 대해 질병 및 수술 등으로 분류하여 보관한다.

의무기록사는 병원 행정사나 코디네이터 자격도 겸하고 있는 경우가 많아서 업무 범위가 광범위하고, 병원에서 보험 심사 청구 업무도 맡을 수 있다. 그러나 기록을 수정하거나 삭제, 변경할 권리는 없다.

3. 의무기록사가 되는 방법

의무기록사가 되려면 의무기록사 양성 기관으로 인증을 받은 내학교에서 의무기록 관련 학과를 졸업하고 '한국보건의료인 국가시험원'에서 주관하는 의무기록사 국가면허 시험에 합격해야 한다. 관련 학과에는 보건관리학과, 보건행정학과, 의무행정학과, 작업치료학과, 치기공학과 등이 있다. 관련 학과를 전공하는 경우, 의학 용어, 마케팅, 병원 경영, 실무 등의 교육을 받게 된다.

의무기록사는 환자의 개인 기록을 유출하지 않도록 체계적으로 관리해야 한다. 따라서 책임감이 필요하고 자료를 꼼꼼하게 정리하는 습관을 지녀야 한다. 예전에는 종이 차트로 가득했던 의무기록실이 오늘날에는 전자 의무 시스템 EMR의 도입으로 단순하게 변모했다. 따라서 의무기록사는 전산화 · 정보화에 대한 지식과 능력을 쌓는 것도 게을리해서는 안 된다.

또한 의무기록사는 꼼꼼한 성격과 분석적 사고력, 여러 의료인들과 협력해야 하기 때문에 의사소통 능력과 원만한 대인관계 능력이 요구된다.

4. 의무기록사의 직업적 전망

최근 강화되는 의료 기관 평가와 의료 정보의 질적 평가에 대비하여 정확하고 타당한 의료 정보를 구축하기 위한 전문 인력에 대한 수요가 증가하여, 의무기록사를 고용하지 않던 병 · 의원 등에서 의무기록사를 채용하는 추세이다. 이런 점에서 의무기록사의 직업적 전망은 매우 밝다고 할 수 있다.

또한 의무기록사의 진로도 전보다 다양해졌다. 예전에는 주로 종합 병원과 요양 병원의 의무기록과에 근무했지만, 오늘날에는 각종 보건 의료 기관, 통계청, 건강 보험 심사 평가원, 민간 보험사 등 다양한 보건 의료 분야에서도 활동하고 있다. 또한 보건직 공무원 채용 시 의무기록사 면허를 갖추고 있으면 5%의 가산점을 받을 수 있다. 이러한 점들도 의무기록사의 일자리 전망에 긍정적인 영향을 미치고 있다.

02
의공기사

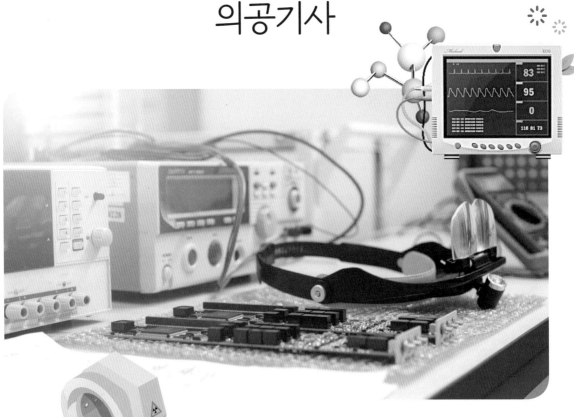

1. 의공기사란?

의사들이 청진기와 주사기만 사용하던 옛날과 다르게 요즘은 병원 경영에 있어 선진화된 의료 기기 도입이 중요해진 시대이다. 엑스레이(X-ray), 자기 공명 영상(MRI) 장비 등 낯익은 의료 기기부터 심장혈관 조영 장비, 체외 충격파 쇄석기까지 정밀한 검사 및 진료, 수술 등을 위해 여러 의료 기기가 사용되고 있다. 따라서 병원에서는 이러한 의료 기기를 점검하고 운용하는 전문가인 의공기사를 채용하기 시작했다. 국내에서는 2007년에 전문적인 기능 인력을 보강하고자 의공기사 자격 제도를 신설하였다.

소위 병원 내 맥가이버라고 불리는 의공기사는 병원에서 의사나 의료기사들이 환자의 진료 및 치료를 위해 사용하는 많은 의료 장비들을 최상의 상태로 유지해 주는 일을 한다. 의공기사는 의료 장비나 기기를 연구·개발하는 일에도 참여하고, 개발된 의료 기기를 안전하게 사용할 수 있도록 관리도 한다. 의료 장비나 기기는 사람의 생명이나 건강과 직접적인 연관이 있는 만큼 성능이 뛰어나고 정확하게 작동해야 한다. 또한 병원에서는 의료 기기의 가동률이 떨어지면 환자가 불편을 경험할 뿐만 아니라 병원 운영에 있어서도 많은 손실을 초래하기 때문에 이들의 역할은 훨씬 중요하다.

2. 의공기사가 하는 일

의료 기기 산업은 공학, 의학, 생물학, 재료학 등이 결합된 지식 산업으로, 의공기사는 해부학, 생리학 등 기초 의학부터 기계, 전기, 전자 등의 기초 공학까지 폭넓은 학문을 바탕으로 한다.

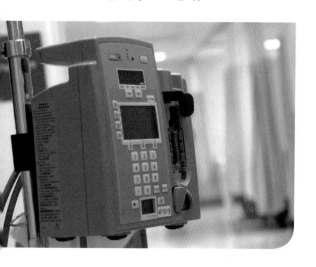

의공기사는 고장 난 의료 기기를 복구하는 업무와 문제가 발생하기 전에 의료 기기를 관리하는 역할이 크다. 환자에게 필요한 의료 장비나 기기를 만드는 데 참여하기도 하고, 무엇보다 병원에서 의료 기기 사용으로 인해 환자들이 불편을 경험하지 않고, 안전하게 진료 및 수술을 받을 수 있도록 평상시 기기를 관리하는 일을 주로 한다.

또한 신규로 도입되는 기기의 사양을 검토하고, 설치 및 가동 때부터 폐기할 때까지 성능을 관리할 뿐만 아니라 사용자에 대한 교육, 기술적 내용을 협의하고 검토, 개발을 통해 임상 시험을 하는 업무를 한다.

의공기사가 일하는 곳은 병원이나 의료기 생산 및 판매 업체, 의료기 도매상 등이다. 병원에서 근무하는 의공기사는 병원에 필요한 의료 장비가 무엇인지 파악하고, 가격과 성능을 비교하여 필요한 의료 장비를 구입하거나 성능이 좋지 못한 장비들은 수리하기도 한다. 병원에서 근무할 경우에는 더욱 폭넓은 기기를 다루게 된다. 실험 기기 및 데이터 정리 등을 활용하고 의료 기기를 취급하는 정부나 생명 공학 연구소,

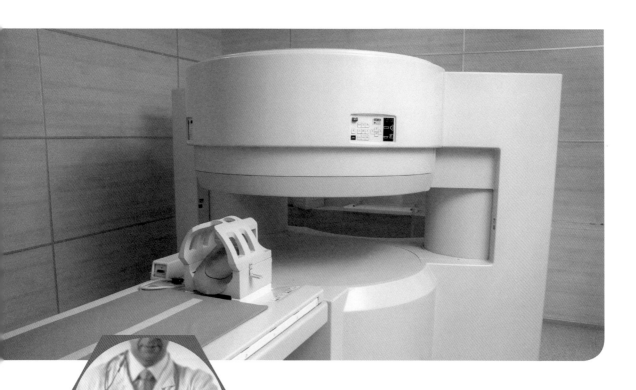

의용공학 부서, 교육 기관 등에서 근무하기도 한다. 의료 기기 수리 및 자문 컨설턴트를 하는 기술 컨설팅 업체나 의료기 생산 업체에 근무하면서 의료 장비의 AS를 담당하거나 판매 및 마케팅 업무도 수행한다.

또한 의공기사는 환자의 생명과 안전에 관여하는 업무인 만큼 이에 대한 사명감과 주의, 민첩함이 요구된다. 의공기사의 취업 분야는 다음과 같다.

의공기사의 취업 분야

의료 기관(병원), 의료 기기 개발 관련 분야, 의료 기기 판매 및 유통 분야, 보건 의료 관련 분야, 보건의료 관련 공무원, 의료 영상 처리 관련 분야, 전기 · 전자 관련 업체, 컴퓨터 산업 분야, 생체 심리 치료 관련 업체 및 스포츠 의학 관련 분야, 기계 설계 및 제조 관련 분야, 의료 기기 관련 개업 및 창업, 헬스 및 웰빙 업체 관련 분야

3. 의공기사가 되는 방법

의공기사가 되려면 대학에서 의공학과나 관련된 학과를 전공한 후에 한국산업인력공단에서 주관하는 자격시험에 합격해야 한다.

의공학과, 의료공학과, 의용생체공학과 등을 졸업하고, 기초 의학 및 의공학, 의용전자 공학, 의료 안전 및 법규, 의료 기기, 의용 기계 공학 등의 필기와 의공 실무를 치

러야 한다. 의공산업기사의 자격을 취득한 후 동일 직무 분야에서 1년 이상 실무에 종사한 경우 의공기사 응시 자격이 주어진다.

의공기사에게 필요한 능력은 의료 장비에 대한 세밀한 관찰력과 문제점의 원인을 분석할 수 있는 판단력이다. 의료 장비와 기술이 빠르게 발전되는 요즘, 최첨단의 다양한 장비를 수리 및 관리할 수 있는 능력을 키우기 위한 노력도 필수적이며, 서비스 정신, 일에 대한 열정이 필수적이다.

다음은 의공기사와 관련된 학과와 대학 현황이다.

의공학 관련 학과와 대학 현황

학교	학과	학교	학과
가천의과대학교	의료공학부 의료공학과	동국대학교	의생명공학과
건국대학교	의료생명대학 의학공학부	부경대학교	의공학과
건양대학교	보건산업계열 의공학과	성균관대학교	메카트로닉스과
경희대학교	전자정보대학 동서의료공학과	순천향대학교	의료IT공학과
고려대학교	보건과학대학 생체의공학과	울산대학교	의공학과
관동대학교	공과대학 의료공학과	중앙대학교	의료공학과
남부대학교	보건과학대학 의료공학과	중원대학교	의료공학과
대구가톨릭대학교	보건과학대학 의공학과	동명대학교	의용공학과
대구한의대학교	한방산업대학 한방의용공학과	한중대학교	보건의료공학과
동명대학교	정보통신대학 의용공학과	한라대학교	의료기계공학과
상지대학교	이공과대학한방 의료공학과	광주여자대학교	보건의료공학과
서남대학교	보건학부 의료공학과	광양보건대학	병원의료공학과
연세대학교	보건과학대학 의공학부	강동대학	보건의료공학과
을지대학교	보건과학대학 의료공학과	동주대학	의료공학과
인제대학교	의생명공학대학 의용공학과	순천청암대학	병원의료정보과
한양대학교	전지제어생체공학부	안동과학대학	의료공학과
계명대학교	의용공학과	용인송담대학	의료정보과
춘해대학	의료공학과	한림성심대학	의료기기정보과
강릉영동대학	의료전자과		

4. 의공기사의 직업적 전망

의공기사의 고용은 앞으로 증가할 전망이다. 기술의 발전 및 신소재 개발로 인해 새로운 의료 장비 또는 부품이 끊임없이 개발되고 있으며, 병의원의 경쟁에 따른 첨단 장비 수요가 증가하고 있기 때문이다. 실제로 의공학 기술을 바탕으로 최첨단 의료 기기 시스템이 현실화되고 있고, 현대의 의학 기술은 많은 부분 첨단 의료 기기에 대한 의존도가 높아지고 있는 실정이다. 의료 기기 시스템은 인간의 생명을 다루는 특수성 및 전문성, 안전성, 신뢰성이 확보되어야 하기 때문에 의공기사의 업무가 점차 중요해진다고 볼 수 있다. 이처럼 의료 기기 사용의 증가 및 의료 기기의 국산화로 의공기사의 사회적 수요는 날로 급증하고 있는 상태이다.

또한 소득이 증대됨에 따라 건강에 대한 관심이 높아지고 웰빙 문화가 확산됨에 따라 이에 비례한 의료비 지출 증가도 의공기사의 고용 증가에 긍정적인 영향을 미칠 것이다.

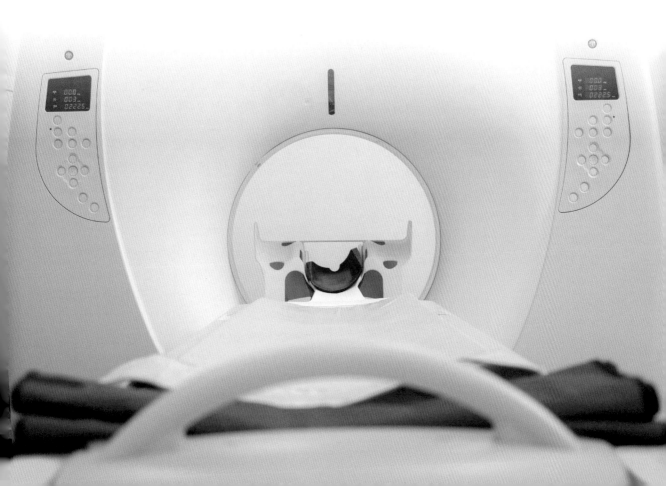

Interview

의공기사

서기홍

Q 　'의공기사'란 일반인에게는 생소한데 어떤 일을 하는 직업인가요?

　　병원에서 사용되는 의료 기기들이 있잖아요? MRI나 CT처럼 환자의 진단과 치료에 사용되는 각종 의료 기기들의 설치부터 관리 그리고 폐기까지. 한마디로 의료 기기의 생애 관리를 하는 업무를 하고 있죠.

　　의료 기기 중에는 그냥 갖다 놓기만 해도 사용할 수 있는 기기도 있지만, 대부분 설치를 해서 사용해야 하는 기기들이 많거든요. MRI나 CT 같은 기기가 대표적이죠. 그럴 경우 전기 배선부터 시작해서 병원 환경에 맞게 설치될 수 있도록 저희가 관리를 합니다. 또 설치 후 작동이 잘 되는지 사양에 대한 평가, 검증도 해야 하죠. 대개 제조사에서 '이 의료 기기는 이러이러한 기능이 있습니다.' 하고 사양을 주는데, 설치 후 작동했을 때 그 기능이 제대로 되는지 안 되는지 모르잖아요. 그것을 검증하는 것도 의공기사의 역할이죠. 검증 과정을 거치면 비로소 정식으로 그 의료 기기를 사용할 수 있게 됩니다.

　　의공기사의 역할 중 더 중요한 건 고장 난 의료 기기를 복구시키고 무엇보다 문제가 발생하기 전에 의료 기기를 점검하는 역할이 더 크다고 할 수 있습니다. 그래서 의료 기기 하나를 도입할 때부터 폐기할 때까지 의료 기기의 생애 관리를 한다고 말하는 거죠.

Q 　병원에서 사용하는 의료 기기는 어느 정도일까요?

　　의료기기법상 의료 기기는 핀셋부터 시작해서 MRI와 CT 같은 기기를 통칭하는데요. 저희 병원에는 한 1만점 정도 됩니다. 이 중에서 의공기사들이 실질적으로 관리하는 기기는 약 9,500점 정도이고, 26명의 의공기사가 관리하고 있습니다.

Q 　보통 자동차나 가전제품이 고장 나면 AS센터에 맡겨 수리를 하잖아요. 그런데 특별히 병원에서만 의료 기기 점검 및 수리를 위해 의공기사가 있어야 하는 이유는 무엇인가요?

　　가전제품 같은 경우 예를 들어 냉장고라고 하면 전화를 걸어서 AS가 가능한 일정을 잡아서 수리를 맡기면 되지만, 병원에서 사용하는 의료 기기는 그렇게 기다릴 수가 없습니다. 만일 CT가 고장 났다고 하면 대기 환자가 생기게 되죠. 환자 입장에서는 이후 검사나 진료를 진행할 수 없게 되잖아요. 이건 단순히 불편한 문제를 넘어 환자의 건강이나 안전과 직결되는 문제입니다. 때문에 의공기사가 상주하면서 복구할 수 있는 방법을 찾아내는 겁니다. 또한 고장이 나서 위급 상황이 벌어지지 않도록 사전 점검을 수시로 해야 하는 거죠. 어떻게 보면 수리보다 사전 점검의 의미가 더 큽니다.

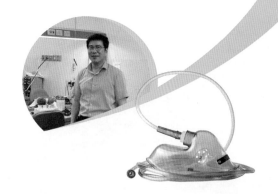

> 의공기사가 다루는 기기와 기술은
> **사람의 생명과 직결**되기 때문에 무엇보다 **책임감이 강해야** 합니다.

Q 의공기사들은 어떻게 보면 의료 기기를 위한 응급실 구급 요원이네요?

그렇다고 볼 수 있죠. 병원 내 의료 기기가 고장 나면 모두 저희에게 연락이 오게 되어 있어요. 이곳이 의료 기기에 대한 컨트롤 타워니까요. 고장 수리가 필요할 때만 하는 것이 아니라 사용상 잘 안 되는 것도 많아요. 이용자들이 그 많은 기기들의 사용법을 완벽하게 알기는 어렵거든요. 새로 구입한 스마트폰의 기능을 모두 아세요? 만일 모르면 AS센터에 물어보잖아요. 그런 식으로 의료 기기 사용 정보까지도 저희가 다 파악하고 알려 줘야 하죠. 이렇게까지 하는 이유는 일반 기기가 아니라 의료 기기이기 때문입니다. 더 민감하고 더 섬세하게 관리를 해야 하죠.

병원에 응급으로 환자가 들어오면 의료진이 달려가 치료하지만 의료 기기가 갑자기 작동을 멈춘다면 그땐 저희가 뛰어가요. 가장 중요한 것이 환자의 안전이기 때문에 먼저 환자를 안전하게 조치해 놓고 기기 복구는 그다음에 진행합니다.

Q 의공기사 일을 하시면서 힘들었던 점은 무엇인가요?

위급한 환자들의 경우 빨리 검사를 해야 다음 단계로 진행되는데, 갑자기 검사 기기가 다운되기

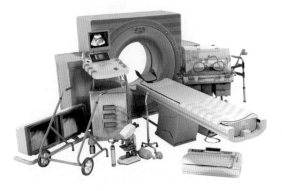

도해요. 만일 개수가 많은 장비라면 다른 장비로 대체할 수 있지만, 수량이 정해져 있는 의료 기기가 고장 났을 때는 복구가 시급하죠. 자칫 환자의 생명에 영향을 줄 수 있거든요. 그러면 의공기사들이 밤을 새워 가며 고친 적도 있어요. 그럴 때면 정말 긴장이 많이 됩니다.

Q 의공기사에게 위기 순간은 환자를 앞에 두고 의료 기기가 고장 날 때이군요.

예, 특히 생명 유지와 직결되는 것들, 예를 들어 수술장에서 사용하는 마취 기기나 중환자실에서 사용하는 생명 유지에 필요한 기기들인 심장 박동기 혹은 인공호흡기, 또 신생아실에 있는 인큐베이터 같은 의료 기기들을 점검하고 관리할 때는 더 민감하게 다루게 되죠. 그래서 수술실이나 중환자실 옆에는 의공기사들이 상주하고 있습니다. 만일 수술장에서 갑자기 의료 기기가 다운되면 바로 들어가 복구해야 하거든요. 그때도 엄청 긴장하게 되죠.

Q 그럼 반대로 의공기사로서 보람을 느꼈을 때는 언제인가요?

힘든 일이 끝난 순간이라고 할 수 있죠. 다운된 기기를 복구시키고 이후 환자가 무사히 수술을 마쳤다는 소식을 들었을 때 의공기사로서 자부심을 느낍니다.

Q 의공기사라는 직업을 택하게 된 계기는 무엇인가요?

제가 대학을 입학하던 시기인 1980년대 초반에 우리나라에 의공학과가 생기기 시작했어요. 저는 원래 공학에 관심이 있었는데 우연히 의공학과에 대

할 수 있습니다. 의공학은 크게 의용 공학과 생체 공학으로 나눌 수 있는데 의료 기관에서 일하기 원한다면 X-ray, CT, MRI, 초음파 등의 의료 기기를 다루는 의용 공학 분야와 임상 공학 분야에서 더 많은 지식을 쌓아야 합니다.

연구소와 업체의 경우 자신이 담당하는 디바이스에 대해 깊게 파고들어야 하지만 병원에서는 다양한 디바이스를 폭넓게 다룰 수 있어야 하거든요. 이 점이 의공기사로서 흥미로운 점이었습니다. 최근에는 IT, BT, NT의 융합으로 의료 분야도 계속 새로운 영역이 생겨나면서 하드웨어 및 소프트웨어 개발 회사, U-헬스케어 사업 등 진출 분야가 넓어지고 있습니다.

해 알게 됐죠. 의공학은 이름 그대로 공학을 기본으로 해부학, 생리학과 같은 의학을 응용해서 푸는 학문이잖아요. 그 부분이 매우 흥미로웠어요. 왜 심전도 검사나 뇌파 검사 같은 것을 보면 결국 그게 다 전기신호로 인체를 모델링하는 과정이잖아요. 무엇보다 인간의 생명을 다루는 기기에 대해 알 수 있는 학문이라는 매력이 있어 의공학과에 진학했고 의공기사가 되었습니다.

Q 의공기사에 관심 있는 청소년들에게 당부하고 싶은 말이 있다면요?

의공기사가 다루는 기기와 기술은 사람의 생명과 직결되기 때문에 무엇보다 책임감이 강해야 합니다. 또 기기를 다루기 때문에 정밀함이 많이 요구되는 작업이 대부분이다 보니 신중한 성격의 사람들이 잘 맞는 것 같더라고요. 마지막으로 기기는 봐주는 법이 없죠. 때문에 정확성과 정밀함이 요구됩니다. 이런 태도로 임한다면 뿌듯함과 흥미를 느끼며 일할 수 있는 직업이 의공기사가 아닐까 싶습니다.

Q 의공기사라는 직업을 준비하시면서 어려웠던 점은요?

제가 공부할 당시만 하더라도 새로운 분야의 학문이었기 때문에 선배가 거의 없었어요. 또 수업용 교과서도 부족했었죠. 그런 게 어려웠지요.

Q 졸업 후 의공기사 진출 분야는 어디인가요?

의공기사는 의료 기기를 개발하는 제조 회사에서 일하거나, 스포츠 의학이나 보건 의료 관련 연구소 또는 저처럼 의료 기관에서 일

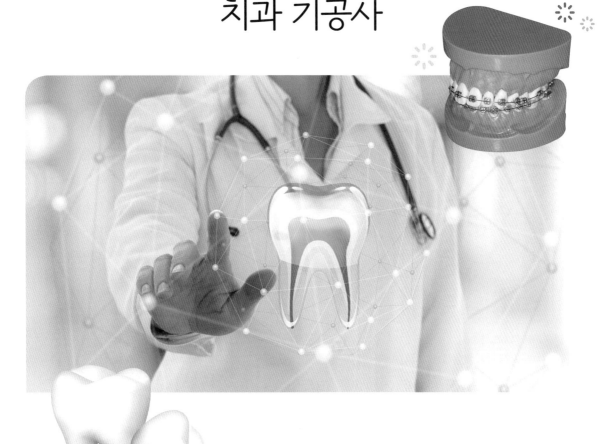

H o s p i t a l

03

치과 기공사

1. 치과 기공사란?

치과 기공사는 치과 의사의 진단에 따라 교정 장치나 모형 치아 등을 만드는 일을 한다. 즉, 치과 기공사는 치과 의사의 진단하에 의치, 교정 장치 등의 처치를 위해 치아의 대체물이나 장치물을 제작, 수리, 가공하는 업무를 하는 사람이다. 이가 썩으면 썩은 부위를 파내고 적당한 물질을 채워 넣거나 완전히 썩어서 빼낸 자리에는 모형으로 만든 치아를 끼워 넣기도 한다. 이렇게 치아에 인공 물질을 넣는 것을 보철이라 하고, 이 보철물을 만드는 사람을 치과 기공사라 한다.

처음에는 치과 의사들이 전부 금니나 틀니 같은 보철물도 직접 제작하였지만, 치과 의사가 모든 과정을 하기에 부담스러워 치과 기공사라는 별개의 직업이 생긴 것이다.

보철물(기공물)은 신경이 가장 예민한 입안에 장치하여 사용하는 것이라서 단

0.1mm의 차이가 나더라도 사람들이 불편을 느낀다. 따라서 치과 기공사는 개인의 입안 형태에 맞게 미세한 부분까지 신경 써서 작업해야 한다.

치과 기공사는 새로운 기술을 배우기 위해 1년에 8시간씩 의무적으로 재교육을 받아야 한다. 우리나라의 치과 기공사는 섬세한 솜씨를 인정받아 해외에 취직하는 경우가 많다.

2. 치과 기공사가 하는 일

치과 기공사가 보철물을 제작하기 위해서는 치과 병·의원에서 환자 구강 내의 치아 상태를 본뜬 석고 모형을 받아야 한다. 이때 치과 보철물의 종류, 사용하는 재료, 완성 시간, 설계 등을 확인하고, 환자의 치아 모형을 분석한다.

그다음 석고 모형의 전처리 작업을 거친 후 금 합금, 세라믹, 은 합금, 메탈 등의 재료를 사용하여 치아나 의치 등의 보철물을 만든다. 제작물을 정교하게 연마하여 가공하고 모델에 맞게 제작되었는지 확인한다.

또한 교정 장치 등과 같이 치료를 위한 장치물도 만든다. 보철물을 만든 다음 표면을 매끄럽게 하는 등 직접 손으로 정교하게 다듬으면 완벽한 보철물이 완성된다. 완성된 보철물이 처음 석고 모형과 정확히 맞는지 확인한 후에 치과로 보내면 비로소 보철물 제작의 모든 작업이 완료된다.

이렇게 만들어진 보철물은 치과 의사에게 넘어가 환자에게 쓰인다. 치과 의사는 환자에게 불편한 점이 없는지, 보철물이 잘 맞는지 등의 문제점을 살피고 교정할 사항이 있으면 다시 치과 기공사에게 보내 교정을 요구한다. 치과 기공사는 치과 의사의 요구대로 보철물을 다시 다듬어서 최종적으로 납품하게 된다.

3. 치과 기공사가 되는 방법

치과 기공사가 되려면 전문 대학교 및 대학에서 치과공학을 전공한 후 한국보건의료인 국가시험원에서 시행하는 치과 기공사 국가 면허시험에 합격해야 한다. 보통 여러 보건 계열 전문 대학교에 개설되어 있으며, 구강해부학, 치아형태학과 같은 치과 기공학 기초, 치과도재기공학, 총의치공학 등의 치과 기공학, 의료 관계 법규, 실기 등을 배운다. 치과 의료 전반에 대한 전문 지식과 치과 보철물을 만드는 기술을 배운다. 면허증이 없는 경우 직업 활동을 할 수 없다.

치과 기공사는 병원, 일반 치과 병·의원의 치과 기공실, 치과 기공소에 취업이 가능하다. 대학 병원 치과 또는 치과 대학 부속 치과 병원의 원내 치과 기공소로 취업을 하기도 하고, 치과 내에서 작은 기공실을 운영하는 경우도 있다. 또한 의료기사 중에서 유일하게 자영업을 할 수 있는데, 직접 별개의 사업체를 운영할 수 있다. 그 외 치과 재료 업체 및 장비 업체 등에도 진출할 수 있다.

치과 기공사는 치과 보철물을 정교하고 보기 좋게 만들어야 하므로 과학적 사고력과 기술력, 예술성 등을 겸비해야 한다. 손재주가 있거나 공간 지각 능력, 미적 감각이 있다면 유리하다. 특히 일을 수행하는 데 있어 정확성과 집중력이 요구되므로, 차분한 성격에게 적합하고, 꼼꼼함, 책임감을 가지고 임해야 한다.

또한 금속이나 수지로 만들어진 보철물을 다듬을 때는 미세한 먼지가 생기므로 항상 위생과 환경에도 신경을 써야 한다.

4. 치과 기공사의 직업적 전망

생활 수준이 향상되고 평균 수명이 길어지면서 치아 건강에 대한 관심이 늘어나고 있다. 이에 따라 앞으로 치과 기공사의 고용은 증가할 것으로 전망된다. 더구나 노인들의 틀니가 건강 보험 급여 적용을 받음으로써 치과 기공사의 수요가 더욱 확대되었다.

치과 기공사는 고도의 의료 전문직으로, 노년층의 증가와 생활 수준의 향상으로 멋과 건강까지 고려함에 따라 그 수요는 점차 증가하는 추세이다.

최근 3D 프린팅 기술(3차원 설계 데이터를 기반으로 고유의 소재를 층층이 쌓아 입체 형태의 제품을 제작하는 기술)이 소개되어 다양한 분야에 빠르게 확산되고 있는데, 치과 기공 분야에서도 3D 프린팅과 접목된 다양한 기술이 보급되고 있다. 따라서 앞으로 치과 기공사는 IT 기술도 겸비해야 할 것이다.

또한 개인의 경력에 따라 숙련도의 차이가 커 처우나 임금의 차이가 있다.

04 안경사

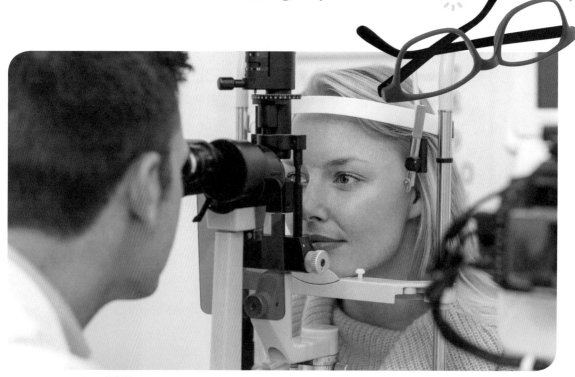

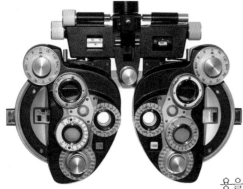

1. 안경사란?

안경원에 가서 안경이나 렌즈를 맞추려면 시력을 검사해야 한다. 이때 시력 검사를 한 후 그 결과를 바탕으로 안경을 만들고 판매하는 사람을 '안경사'라고 한다. 의료기사 등에 관한 법률의 적용을 받지만, 의료기사는 아니다. 따라서 의사의 지시를 따르지 않아도 되는데, 다만 6세 이하 아동의 경우에는 안과 전문의의 처방에 따라 안경을 조제해야 한다.

우리나라에서는 1987년도부터 안경사 제도가 도입됨으로써 전문 자격을 갖춘 안경사만이 안경을 조제, 판매할 수 있게 되었다. 우리나라의 경우 안경원에서 시력 측정까지 모두 하고 있지만 해외 선진국의 경우에는 검안사와 안경사를 따로 구분하여 검안사가 시력 측정을, 안경사가 안경 제작을 담당하는 시스템을 갖추고 있다.

2. 안경사가 하는 일

안경사는 시력 보정용 안경의 조제 가공 및 판매, 시력 보정, 미용용 콘택트렌즈의 판매를 한다. 안경을 맞추기 위해 찾아온 손님을 위해 정확한 교정 도수를 측정한 후, 난시검사, 안질환 등을 확인한 후 교정 도수를 결정하기 위해 안경 착용 검사를 한다. 처방서를 작성한 후 손님과 상의하여 안경테와 렌즈를 정한다. 이때 안경사는 눈의 건강을 생각하는 동시에 손님의 얼굴 형태나 눈의 크기, 두 눈동자 간의 거리, 코의 높이 등을 참고하여 손님의 얼굴에 가장 잘 어울리는 모양과 색상의 안경테를 추천할 수 있어야 한다.

안경테와 렌즈가 정해지면 정교한 과정을 거쳐 렌즈를 완성하고 안경테에 끼운다. 완성된 안경을 손님 얼굴에 끼우고 안경테를 편안하게 조정해 준다. 마지막으로 안경 사용 시 주의 사항 및 시력 관리 요령을 지도한다. 또한 안경사는 손님에게 어울리는 안경테를 권하기도 하고, 콘택트렌즈도 판매한다. 안경이나 콘택트렌즈의 세척과 착용 방법, 시력 보호를 위한 눈 관리 방법에 대해서도 설명한다. 올바른 사용법과 주의 사항을 알려줌으로써 콘택트렌즈 착용에서 오는 부작용을 최소화하며 눈 건강을 지킬 수 있도록 한다.

3. 안경사가 되는 방법

안경사가 되기 위해서는 4년제 또는 3년제 대학에서 안경광학과를 전공한 후에 안경사 국가고시에 합격해야 한다. 대학에서는 안구와 시력에 관련된 전반적인 지식을 공부한다.

시기해부학에서 망막 구조, 망막의 세포와 신경 소직, 신경계 등을 배우고, 시력검안, 안경 조제 가공 실습, 안경 제작에 필요한 프레임 만들기 및 설계 등에 대해서도 배운다.

안경사는 전문직인 동시에 서비스업으로 다양한 능력이 필요하다. 사람의 눈에 편안함을 주는 도수를 연구하는 연구원이자 안경을 맞추는 손님들을 상대해야 하는 판매원이기 때문이다. 그러자면 안경에 대한 전문적인 지식과 손님을 맞이하는 사교성, 언어 능력 및 대인 관계 능력이 요구된다. 고객의 얼굴형에 어울리는 안경테를 추천하기 위한 미적 감각과 인체 관련 지식도 갖추어야 한다. 안경 제조를 할 수 있는 정교한 손동작과 자기 통제 능력이 요구된다. 마지막으로 안경원을 운영하는 경영 능력도 필요하다.

안경사 면허를 따면 일반 안경원을 개원하거나 안경원에 취업하여 안경사로 근무할 수 있다. 이외에도 종합 병원 또는 개인 안과에서 시력 검안사로 취업할 수도 있다. 또는 렌즈(안경 렌즈 및 콘택트렌즈) 업체에서 일하거나 안광학과 관련된 렌즈 개발 또는 연구 활동을 할 수 있다. 그 밖에 안경테 제조업체, 광학 기기 관련 업체 등에도 진출이 가능하다.

4. 안경사의 직업적 전망

안경원은 늦은 시간까지 문을 열 때가 많아 안경사의 근무시간은 다른 직업에 비해 긴 편이다. 일반적으로 오전 10시~오후 10시까지 근무하고 주말에도 근무하는 일이 잦아 개인 시간이 많지 않다. 그러나 일반사무 업무 및 영업이 없고, 찾아오는 고객을 상대하므로 육체적, 정신적 스트레스는 크지 않은 편이다.

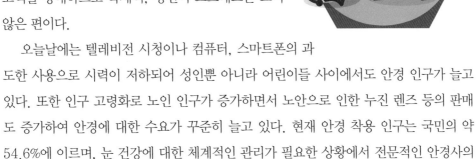

오늘날에는 텔레비전 시청이나 컴퓨터, 스마트폰의 과도한 사용으로 시력이 저하되어 성인뿐 아니라 어린이들 사이에서도 안경 인구가 늘고 있다. 또한 인구 고령화로 노인 인구가 증가하면서 노안으로 인한 누진 렌즈 등의 판매도 증가하여 안경에 대한 수요가 꾸준히 늘고 있다. 현재 안경 착용 인구는 국민의 약 54.6%에 이르며, 눈 건강에 대한 체계적인 관리가 필요한 상황에서 전문적인 안경사의 사회적 위상과 자질은 꾸준히 높아지고 있다.

라식이나 라섹 등 시력 교정술로 인해 안경 수요가 감소할 것이라는 주장도 있으나, 수술을 하지 않은 20세 미만 청소년 및 아동의 안경 수요의 증가와 50세 이상의 노안으로 인한 수요 증가가 뚜렷하여 안경사의 고용은 증가할 것으로 전망된다.

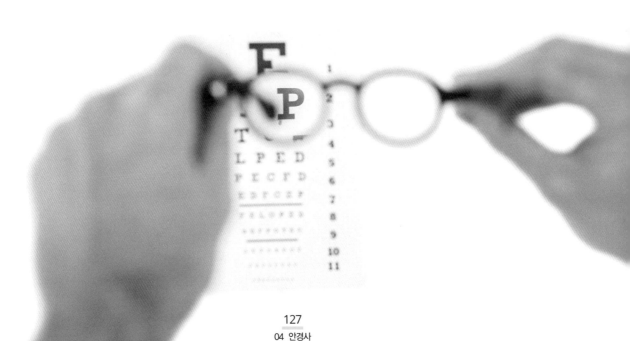

안경사는 어떤 일을 하는 직업인가요?

안경사는 안과적인 질환이 없는 사람인데 사물이 흐려 보이거나 눈의 피로, 눈부심 등과 같은 증상을 느낄 경우 안경을 통해 이를 해소하기 위한 작업을 하는 직업입니다. 일하는 과정을 보면 안경사가 하는 일은 우선 눈 검사, 그러니까 시력 검사를 포함한 검사를 하고, 그 결과에 따라 안경 도수가 결정되는데요. 결정된 도수를 가지고 안경테를 선정하고, 선정하면 안경테에 렌즈가 맞게끔 가공을 합니다.

렌즈를 가공할 때도 시력은 물론이고, 사람의 동공 위치 등 고객의 상태를 파악한 후 가공해야 해요. 그 다음 안경테를 선정할 때도, 일반적으로 안경테 하면 얼굴에 어울리는 정도만 생각하곤 하는데 그러면 눈 건강에 좋지 않습니다. 안경테도 인체 공학적으로 맞는 것을 써야 눈 건강에 좋죠. 어떤 사람들은 안경테가 너무 휘어진 걸 쓰는데 이러면 안 돼요. 어떤 사람들은 도수에 맞게 제작해도 안경을 쓰면 어지러운 사람이 있죠. 이게 다 얼굴이나 눈의 위치에 맞는 안경테를 선택하지 않았기 때문이거든요. 이런 것까지 결정하는 것도 안경사의 업무죠.

그다음에 안경을 꼈을 때, 안경을 눈 쪽으로 밀착해서 꼈을 때와 눈에서 아래쪽으로 내려 꼈을 때, 높낮이, 각도, 안경테의 소재(플라스틱이냐 금속이냐, 열에

어떻게 변형될 것인가)나 성능에 따라 같은 도수로 제작된 렌즈라도 시력이 다르게 나오거든요. 이 부분에 대해서도 대상에 맞게 맞춰 줘야 합니다.

인간의 눈은 질환이 없는 상태에서 멀리 있는 물체뿐 아니라 가까이 있는 물체도 잘 보여야 합니다. 또한 사람이 정지한 상태에서는 물론 움직이면서도 정지한 사물과 움직이는 물체를 정확히 볼 수 있어야 합니다. 이외에도 책을 보고 공부를 한다거나 컴퓨터를 이용하여 공부나 여러 업무를 볼 때와 같은 환경에서도 장시간 동안 사물을 편안하게 볼 수 있어야 하죠.

이러한 환경에서 눈이 '안과적인 질환이 없음'에도 불구하고 사물을 보는 데 불편하다면 이때 안경으로 교정하고 개선하게 됩니다. 그러기 위해서는 눈에 대한 전문적인 지식은 물론 눈에 가장 적합한 안경렌즈, 도수, 색상, 인체 공학적인 측면에서 안경테에 대한 전문적인 지식과 실무를 갖추어야 합니다. 이러한 전문적인 지식을 갖춘 사람이 안경사라 할 수 있습니다.

잘 맞는 안경의 조건은 무엇일까요?

첫 번째는 잘 보여야 합니다. 안 보이니까 안경을 착용하는 거겠죠. 이건 기본이고요. 두 번째로 편해야 합니다. 잘 보이는데 머리가 아프거나 눈이 피곤하거나 건조하다면, 이건 검사를

눈에 관련된 신경이 몸 전체 신경 약 70% 이상을 차지하는 만큼 **눈은 아주 예민한 신체 기관**입니다. 그만큼 **미세한 부분까지 체크**해 줘야 하죠.

잘못한 것입니다. 착용했을 때 눈이 편안하도록 해야 합니다. 세 번째로 안경을 낀 상태에서 외관적으로 어울려야 합니다. '외관적'이라는 것은 만일 안경을 끼기만 하면 눈이 충혈되는 사람도 있어요. 또한 눈의 피로가 심해져 눈을 잘 못 뜨는 경우도 있죠. 이런 것들을 막을 수 있어야 한다는 뜻입니다. 네 번째로 눈의 기능을 개선시킬 수 있어야 합니다. 예를 들어 사시나 약시인 경우 안경을 통해 개선될 수 있도록 해야 합니다.

첫 번째는 기본이고 두 번째, 세 번째, 네 번째 조건을 얼마나 충족시킬 수 있느냐, 이 부분은 안경사의 역량에 달려있다고 볼 수 있죠.

 안경사라는 직업에 대해 어떻게 알게 되었나요?

1984년도에 우리나라에 안경광학과가 처음 생겼어요. 그전에는 (비인가) 안경 전문학교가 하나 있었을 뿐이죠. 대개 안경원에서 일하시는 분들이 어깨너머로 배운 기술로 지금의 안경사 역할을 해 오셨죠.

저 같은 경우는 1986년도에 친구 동생을 통해 우연한 기회에 안경광학과를 알게 되었고 처음에는 단순한 호기심에 지원하게 되었습니다. 솔직히 큰 뜻은 없었어요. 군대 다녀와서 복학한 후에도 일단 입학한 학교니까 다녔는데요. 졸업할 때쯤 학교에서 일본으로 연수를 갈 기회가 생겼어요. 일본에 가 보니까 안경공학에 관련된 책이 많더라고요. 근데 보니까 굉장히 흥미롭더라고요.

어떤 점이 흥미로웠나요?

특히 눈 검사에 관련된 내용이 가장 재미있었어요. 눈 검사란 단순한 검사가 아

니라 의학, 광학 등을 여러모로 알아야 제대로 된 검사를 할 수 있었던 거였죠. 검사를 통해 단순히 안경 도수만 맞춰야 하는 것이 아니라 눈의 불편함, 피곤함 등 기능적인 문제들도 다 고려해야 한다는 것이지요. 그때 일본에서 가져온 서적을 번역하기 시작하면서 더 관심을 갖게 되었고, 졸업 후 안경원의 안경사 활동과 안경광학과의 교수를 병행하게 되었습니다.

그런데 안경원을 찾아오는 손님들을 상대하면서 또 학생들을 가르치다 보니까 좀 더 깊이 공부하고 싶어지더라고요. 그래서 호주에 있는 대학의 검안학과로 유학을 떠났죠. 그곳에서 검사의 중요성과 정확한 검사를 위한 다양한 장비의 필요성을 알게 되었습니다.

그러면 돌아와서 다시 안경사를 시작한 건가요?

예, 유학 시절에 배운 다양한 장비의 기능, 검사의 중요성을 바탕으로 기존의 눈 검사보다 더 세분화시켜 검사를 진행했습니다. 그러다 보니 정말

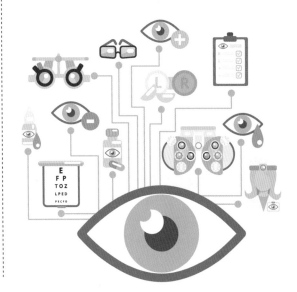

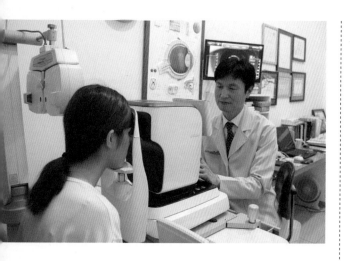

별의별 불편함(시력을 교정했음에도 불구하고 나오는 증상들)을 느끼는 사람들이 확인되더라고요. 각각 상태에 맞춰 안경을 만들어야겠구나 싶었죠. 또 안경을 맞추는 데 있어서 '어떻게 하면 눈이 덜 나빠지게 할 수 있을까' 이것도 매우 중요한 이슈가 되었습니다. 가까이 볼 때도 눈이 나빠질 수 있죠. 그래서 가까이 볼 때와 멀리 볼 때의 도수를 어떻게 결정해야 눈이 더 편할 것인지 계속 연구하고 고민해야 합니다.

Q 안경사 일을 하면서 보람을 느끼신 건 언제일까요?

한 학생이 책만 보면 머리가 아프고 집중도 안 되고 해서 엄마에게 이러한 문제를 얘기했는데 그럴 때마다 엄마는 '꾀병을 부린다. 집중을 안 해서 그렇다.'고 혼냈다고 하시더라고요. 그러다가 안경원에 찾아왔는데 검사 결과 충분히 그럴 만한 이유가 있었어요. 시력이 맞지 않아 생긴 불편함이었죠. 특히 어린이나 노인들은 눈이 불편할 때, 정확히 어떻게 불편한지 잘 표현을 못 하거든요. 그럴 경우 원인을 찾기 위한 검사를 진행하죠. 그래서 더 오랜 시간이 걸려요. 정확히 어디가 어떻게 불편한지 알아야 그에 맞춰 시력을 교정할 수 있기 때문이죠. 이 학생 역시 수개월 동안 시력 교정을 했고, 어느 날 문제가 됐던 증상이 사라졌다고 고맙다며 찾아왔더라고요. 그럴 때 안경사로서 정말 뿌듯하죠.

Q 안경사의 일은 어떤 점이 힘든가요?

안경원에서 일하는 안경사는 보통 주 7일 근무를 하는 경우가 많습니다. 남들 쉴 때 쉴 수 없고 업무 시간이 길어요. 안경원마다 다르지만 대개 아침 10시부터 밤 7~9시까지 문을 연 곳도 많습니다. 그런 점이 힘들겠죠.

Q 안경사에게 필요한 자질은 무엇인가요?

제가 봤을 때 안경사는 무엇보다 꼼꼼해야 합니다. 눈을 다루는 일이잖아요. 눈에 관련된 신경이 몸 전체 신경 약 70% 이상을 차지하는 만큼 눈은 아주 예민한 신체 기관입니다. 그만큼 미세한 부분까지 체크해 줘야 하죠. 그러니 대충하면 되겠어요? 안경 렌즈도 1mm 오차에 따라 완전히 달라지거든요. 때문에 엄청 꼼꼼해야 합니다.

그리고 외향적인 성격이 무엇보다 중요해요. 눈 검사를 하고 안경에 대해 판매, 상담해야 하기 때문이에요. 사람 만나는 걸 두려워하면 아무리 지식이 풍부해도 적용을 할 수 없죠. 마지막으로 궁금한 게 많아야 해요. 안경을 결정하는 데 있어서 정답이 있는 것이 아니라 검사 결과에 따라 정해지기 때문에 안경사의 판단과 주관이 그만큼 중요합니다. '저 사람이 이 부분에 불편함을 호소하는데 또 다른 문제는 없을까.' 검사를 하면서 자꾸 물어봐야 정확한 결과를 얻을 수 있거든요.

단순히 안경을 판매만 한다면 안경사가 필요 없겠죠. 제가 지금 가르치고 있는 학생들에게 종종 이런 얘기를 합니다. 안경사는 '내가 주는 도움에 의해 이윤이 생기는 직업'이다. 따라서 사명감이 필요하다고 봅니다. 내가 대하는 상대의 눈을 내 눈처럼 여기고 문제를 해결하려고 몰두해야 합니다. 그래야 문제를 해결할 수 있어요.

05
국제 의료 관광 코디네이터

1. 국제 의료 관광 코디네이터란?

최근 우리나라의 의료 기술이 선진국과 비교해도 손색이 없을 정도로 발전했고, 의료비가 비교적 저렴해 중국, 일본, 미국 등에서 의료 시술을 목적으로 관광을 오는 경우가 늘어났다. 이러한 추세에 따라 외국인 환자가 국내에 입국한 순간부터 귀국할 때까지 각종 의료 및 관광에 대한 편의 시설을 지원하는 직업도 생겨났는데, 바로 국제 의료 관광 코디네이터이다.

의료 관광이란, 해외 여행과 의료 서비스 선택의 자유화로 인해 건강 요양, 치료 등의 의료 혜택을 체험하기 위해 다른 나라를 방문하면서 휴식과 기분 전환까지 할 수 있는 관광, 레저, 문화 체험을 동시에 하는 활동을 말한다.

국제 의료 관광 코디네이터는 우리나라 병원에서 진료와 치료를 받고자 하는 외국인 환사의 시술 계획을 세워 유능한 의료진과 연결시켜 주고, 의료 시술이 끝나면 사후 관리까지 해 준다. 또한 환자와 함께 온 가족들이 국내에 머물면서 관광을 할 수 있도록 도와주는 일도 병행한다.

이들은 글로벌 헬스케어 산업의 발전 및 대외 경쟁력을 향상시키는 역할을 하고 있다.

국제 의료 관광 코디네이터가 되기 위해서는 의료 및 관광 분야의 지식을 갖춰야 함은 물론 외국어 실력과 세련된 매너도 요구된다.

2. 국제 의료 관광 코디네이터가 하는 일

국제 의료 관광 코디네이터는 외국인 환자를 유치하고, 관리하기 위해 진료 서비스 및 관광을 지원한다. 국내외 의료 기관의 국가 간 진출을 지원할 수 있는 의료 관광 마케팅, 의료 관광 상담 등의 업무를 한다.

이들의 업무를 구체적으로 살펴보면, 전화나 메일 등으로 우리나라에서 수술이나 시술을 받고자 하는 외국인과 상담하고, 예약을 받는다. 외국인 환자가 입국하면 공항으로 마중 나가 환자를 모시고 해당 병원으로 향한다. 병원에서는 통역을 통해 환자의 진료 접수와 의사에게 진료받는 것을 돕는다. 진료가 끝나면 환자에게 치료에 대한 설명과 주의점, 처방전 등을 안내한다. 수술 환자의 경우 입원 수속을 도와주고 수술 진행 상황을 설명한다. 치료가 끝나면 퇴원 수속을 할 수 있도록 안내하고, 퇴원 후 사후 관리 등도 돕는다.

치료가 끝난 환자가 국내에 더 머물면서 관광이나 쇼핑 등을 원할 경우 여행사를 연결해 국내 관광을 할 수 있도록 도와주기도 한다. 이뿐만 아니라 더 나은 의료 서비스 및 관광 서비스를 개발하는 일도 한다.

3. 국제 의료 관광 코디네이터가 되는 방법

국제 의료 관광 코디네이터가 되려면 대학에서 간호학이나 보건 의료, 관광 관련 분야를 공부한 뒤 국제 의료 코디네이터 자격시험에 합격해야 한다.

영어는 기본으로 익혀야 하며, 특정 외국어(중국어, 일본어, 아랍어, 러시아어 등)를 잘한다면 전문가로 성장하는 데 유리하다. 아니면 외국어를 능숙하게 할 수 있는 사람이

● 한국호텔관광전문학교 의료관광코디네이터학과

의학적 지식을 습득하여 국제 의료 관광 코디네이터가 될 수도 있다. 국제 의료 관광 코디네이터는 의료 용어에 대한 이해가 필요하므로 일정 수준의 의학적 지식을 갖춤과 동시에 외국인 환자와 우리나라 의료진 사이의 명확한 의사 소통을 위해 언어 능력이 필요하다.

국제 의료 관광 코디네이터가 되기 위한 교육 과정으로 한국보건복지 인력개발원 전문 의료 통역사 양성 과정(http://www.khrdi.or.kr)과 한국관광공사의 의료 관광 코디네이터 양성 과정 등이 있다. 이때 의료인으로 종사하고 있거나 외국어 능력이 뛰어난 사람을 심사하여 약 6개월 정도 집중 훈련을 시킨 후에 실무에 투입할 수 있도록 지원하고 있다. 이 과정을 통해 의료 통역, 의료법, 의학 용어 등을 배울 수 있다.

국제 의료 관광 코디네이터 자격은 기존의 민간 자격과는 차별성을 띤 국가기술자격법 시행령에 의해 2013년부터 시행된 국가기술 자격증이다. 따라서 자격증을 따면 병원, 관광회사 등만이 아니라 각종 의료와 관광 관련 정부 기관과 공공 단체 취업 시 가산점을 받을 수 있다.

4. 국제 의료 관광 코디네이터의 직업적 전망

의료 관광은 의료 서비스와 휴양 · 레저 · 문화 등 관광 활동이 결합된 관광 산업이다. 건강 검진 외 다른 질병 치료도 있겠지만 특히 우리나라의 성형 수술 기술이 타 선진국에 비해 월등하다 보니 외국인들이 의료 관광을 목적으로 우리나라를 방문하면서 현재뿐만 아니라 앞으로도 계속 주목받게 될 산업이다.

2009년 의료법 개정으로 해

외 외국인 환자를 국내 병원에서도 유치할 수 있게 되었고, 민간자격시험으로 양성되었으나 2011년 보건복지부 소관 자격 종목으로 신설되었다. 2015년에는 의료 해외 진출 및 외국인 환자 유치 지원에 관한 법률이 제정되어 새로운 국가 성장 동력 분야로 높은 관심을 받고 있으며, 의료 관광 사업에 대한 법적·제도적 지원 장치가 마련되었다.

이처럼 의료 관광 산업이 점차 활성화되고 있어 국제 의료 관광 코디네이터의 수요는 계속 증가할 것으로 예상된다. 또한 국제 의료 관광 코디네이터가 일할 수 있는 영역이 정부 부처, 병·의원, 의료 관광 에이전시, 종합 병원, 여행사 등 매우 다양하다는 점도 이들의 일자리에 긍정적인 영향을 미치고 있다.

국제 의료 관광 코디네이터의 연봉은 각 병원에서 정해 놓은 직원들의 임금 수준에 맞춰서 지급되는 것이 일반적이며, 대표적으로 종합 병원에 근무하는 경우 대졸 초임 수준이라고 한다. 경력이 있는 프리랜서 통역 인력의 경우 평균 일당이 높게 책정되어 있으므로 굳이 한 병원에 취업하지 않고 프리랜서로 일하는 경우도 적지 않다. 결혼과 출산 후에도 재취업이 가능하여 섬세한 감성과 창의적인 사고, 리더십을 겸비한 여성들의 도전이 증가하고 있는 추세이다.

Interview

국제 의료 관광 코디네이터

김용덕

Q 국제 의료 관광 코디네이터란 무엇인가요?

'국제 의료 관광 코디네이터'란 말이 많은 사람들에게 생소하게 들릴 수 있습니다. 한국에서는 2009년도 5월부터 의료 관광 사업이 본격적으로 시작되었는데요. 해외에 있는 외국인들이 우리나라에서 진료를 볼 수 있도록 관련 법령이 개정되면서, 병원에서는 해외 환자 진료가 시작된 시점이죠. 이렇게 우리나라에 와서 외국인들이 진료를 받기 시작하면서 이와 더불어 해외 환자를 진료하기 위한 시스템이 필요하게 되었고, 외국인 환자분들이 진료를 받을 수 있도록 인프라가 구축되면서 국제 의료 관광 코디네이터라는 직업이 생겨났습니다.

Q 국제 의료 관광 코디네이터는 어떤 업무를 하나요?

국제 의료 관광 코디네이터의 업무는 크게 3단계로 나누어 진행된다고 볼 수 있습니다. 환자 입국 전 단계, 환자 내원 및 진료 단계, 환자 퇴원 후 후속 관리 단계로 구분할 수 있습니다. 입국 전 단계에서는 환자 정보를 통해 해당 근무 병원에서 진료가 가능한지 확인합니다. 만약 진료가 가능하다면 입원 기간과 비용 그리고 어떤 진료과 의료진에게 진료를 받게 될 것인지, 향후 받게 될 진료 계획에 대해 전반적

인 오리엔테이션을 이메일이나 유선을 통해 환자에게 전달합니다. 사전 치료 계획을 확인한 환자는 해당 병원 진료 여부를 결정하고 결정 후에는 출국 가능한 날짜에 맞추어 병원 진료 예약을 한 뒤 입국 수속을 진행합니다. 입국 수속 과정에서 비자가 필요한 경우 코디네이터가 비자 관련 업무를 도와주며 환자를 포함한 보호자나 동행인을 위한 숙박이나 교통 등, 진료 이외에도 체류하면서 발생할 수 있는 부분까지 정보를 제공합니다. 내원 단계에서는 병원에서 진료하게 될 프로세스를 사전에 전달하고 외래와 입원 수속을 지원하고, 환자 진료 시 통역을 지원합니다. 수술을 하는 경우 수술 전 단계와 수술 이후 단계까지 포함하여 업무를 진행합니다. 이후 상태가 호전되어 퇴원을 하는 경우 치료 이후 복용해야 하는 약과 식습관 및 생활 가이드라인 그리고 추후 Follow up을 위한 진료 예약까지 지원하며, 전반적인 과정을 총괄하는 역할을 담당합니다.

Q 2단계부터 코디네이터가 직접 참여하나요?

엄밀히 말하면 환자가 처음 병원에 문의하는 단계부터 퇴원까지 전 과정에 코디네이터의 역할이 필요합니다. 다만 2단계부터 본격적으로 업무가 시작되긴 합니다. 먼저 치료 가능 여부를 확

> **타국의 문화를 이해하고 환자에 대한 배려심이나 측은지심이 있어야** 그분들을 대할 때 **일로써만이 아니라 인간적으로** 대할 수 있습니다.

인한 후 만약 치료가 가능하다면 이 환자의 치료에 얼마 정도의 시간과 비용이 소요되는지 치료 가능한 범위를 다 알려드려요. 외국인 환자니까 통역을 하고 통역한 내용을 다시 의료진에게 통역해서 전달하면, 환자는 그 내용을 통해 내원 여부를 결정합니다. 이때 비용이나 기간도 고려하게 되죠. 환자가 내원을 결정하면 이때부터 코디네이터는 환자의 입국 및 진료를 위한 준비를 본격 시작합니다.

비자가 필요한 경우에는 비자에 필요한 서류를 준비해 주고, 또 공항에 도착해서 병원에 오기까지 교통수단을 안내해 줍니다. 대개 보호자를 동반하는데 병원에서 함께 머무는 경우도 있지만 별도로 떨어져야 하는 경우가 있으면, 그분이 병원 근처 어느 숙소에 머물지, 병원과의 거리는 얼마나 되고 어떤 교통수단을 이용할지 병원 코디네이터가 오리엔테이션을 해 줍니다.

그렇게 내원이 이루어지면 해당 의사와 오리엔테이션을 합니다. 진료를 받고 입원하여 수술하고 다시 외래 진료를 보는 전반적인 과정을 코디네이터가 수행합니다. 그 수행 과정에서 통역이라든가, 기타 환자가 필요한 부분에 대해서도 코디네이터가 직접응대를 해서 환자를 돕습니다.

마지막으로 환자의 진료나 수술, 치료가 끝나면 퇴원 절차가 남는데, 환자가 치료를 마치고 퇴원하는 시점에는 환자가 복용해야 할 약이 있습니다. 질환이라는 게 한번 수술하고 끝나는 게 아니라 이후에도 계속 관리해야 하므로 약이 필요하거든요.

그러면 복용법이나 건강 관리법 같은 세세한 부분까지 코디네이터가 알려 줍니다. 그리고 치료를 받은 후 그 치료가 제대로 되었는지 여부는 3개월 내지 1년 정도 후에 병원에서 확인하는데, 그 예약까지 코디네이터가 진행합니다. 이 모든 과정이 국제 의료 관광 코디네이터의 업무라고 할 수 있습니다.

Q 국제 의료 관광 코디네이터와 의료 통역사와의 차이는 무엇인가요?

의료 통역사와 의료 관광 코디네이터의 차이는 크게 업무 범위로 보시면 될 것 같습니다. 코디네이터의 경우 해외 환자를 응대하는 역할과 범위가 좀 더 확대된 개념으로 볼 수 있죠. 의료 통역사는 내원 단계에서 의료진과 환자의 의료 통역, 환자가 진단 내용을 이해하기 쉽고 정확하게 전달받기 위한 소위 말하면 전문 메디컬 통역 측면에 많이 치우친다고 한다면, 의료 관광 코디네이터는 앞에서 말한 내원 전부터 퇴원 이후까지 환자에게 필요한 거의 전 과정에서 업무를 수행한다고 보시면 됩니다.

Q 일을 하면서 가장 보람되었던 때는 언제인가요?

2011년도로 기억하는데 러시아 블라디보스토크에서 온 한 환자가 기억납니다. 당시 저희 병원하고 한국관광공사가 원격 진료 시스템을 도입해서 러시아에서도 한국 의료 서비스를 받을 수 있도록 운영했었는데, 이때 원격으로 진료를 받은 분이었어요.

러시아에서는 더 이상 치료가 불가능하다는 판정을 받았지요. 혹시나 하는 마음으로 원격 진료를 받으셨고 그분의 진단 기록을 보니 조금 더 정밀한 검사를 하면 어쩌면 치료가 가능할 수도 있겠다는 작은 확률이 보여서 그분 역시 지푸라기라도 잡는 심정으로 저희 병원으로 오게 되었습니다.

한국에 와서 실제로 정밀 검사를 해 보니 그분의 질환은 한국에서는 수술에 성공한 케이스가 있어서 치료를 진행하게 됐죠. 다행히 수술은 성공했고, 다시 러시아 블라디보스토크로 돌아가 잘 지내고 계세요. 당시 옆에서 간호했던 보호자분의 눈물과 환자분의 진심 어린 감사의 인사가 아직도 생생히 기억납니다. 제가 의료 관광 코디네이터로 약 9년 정도 일했는데, 가망 없다고 포기하려 했던 분이 다시 살게 되었으니까 그때가 가장 보람된 순간이 아니었을까 생각이 들었습니다.

 어떻게 보면 외국인 환자에게는 의료 관광 코디네이터가 한국에서 보호자네요. 일하면서는 어떤 점이 힘든가요?

보호자와 같다고 볼 수 있습니다. 큰 수술을 할 경우에는 보호자나 가족을 동반해서 오지만, 항암 치료와 같은 경우 장기적으로 진행되다 보니 비용 문제도 있고 시간적인 부분도 그렇고 해서 혼자 오시는 분들을 자주 보게 되는데요. 치료가 잘 되면 다행이지만 그렇

지 않을 경우 갑자기 상태가 안 좋아져서 혼자서는 비행기를 타고 돌아갈 수가 없거나 아무리 더 강한 항암 치료를 해도 손쓸 수 없을 때가 있어요.

그럴 경우 타국에서 죽음을 맞이하게 되는데, 그때 그저 손을 잡아 드리는 것 밖에 저희가 해 드릴 수 있는 게 없을 때가 정신적으로 많이 힘들죠. 마지막까지 환자가 가족의 얼굴을 보고 싶어하는데 물리적으로 멀리 떨어져서 쉽지 않거나 본국으로 돌아가서 임종을 맞이하기를 강력하게 원해서 수속을 준비해드릴 때 마음이 아픕니다.

육체적으로 힘든 부분은 아무래도 환자분들이기 때문에 일반적인 판단을 하기가 쉽지 않습니다. 본국에서 알아볼 때에는 현재 상태는 이 정도이고, 어느 정도 비용과 기간이 걸린다고 들었는데 한국 병원에 와서 정밀 검사를 받거나 수술하다 보면 기존에 알았던 정보와 많이 달라질 수 있거든요. 하지만 환자분들은 치료에 대해 현실적인 제약을 느꼈을 때 그 불만을 주변에 있는 스태프들에게 전하게 되죠. 그럴 때 코디네이터는 그 불만을 감수하면서 어떻게 하면 환자분이 변화된 상황을 이해하고 받아들일 수 있을지 절충시켜 가는 과정이 힘들고 어려운 부분이라고 할 수 있습니다.

 의료 관광 코디네이터라는 직업은 어떻게 시작했나요?

학부 전공은 흔히들 생각하는 외국어나 의료 관광 분야와는 동떨어진 분야를 수학했고 한국에서 졸업하였습니다. 졸업 후 관련 분야에서 직장생활을 하다가 우연한 기회에 러시아로 공부하러 갈 수 있는 기회가 생겼습니다. 1년 동안 어학연수를 마친 후 2년 동안 석사 과정을 졸업하고 한국에 들어왔는데 그때가 마침 의료 관광 분야의 사업이 막 시작되어 관련된 인프라가 구축되고 있는 시점이었습니다. 이때 의료 관광 코디네이터라는 직업도 막 생겨날 때였죠. 이

후 정부에서 진행하는 관련 분야 교육프로그램을 통해 의료 통역에 대해 본격적으로 공부하기 시작했습니다.

 먼저 언어와 문화를 섭렵한 후, 의학을 공부하신 거네요. 의학 부문은 어떻게 공부하셨나요?

그렇습니다. 2009년에 의료 관광에 관련된 법령이 개정되면서 보건복지부를 비롯한 국공립 기관에서 의료 관광 관련 분야의 여러 교육 과정이 개설되었어요. 그 중에 의료 통역사라는 과정이 있었는데, 약 7~8개월 정도 되는 과정이었습니다. 해당 외국어가 가능한 사람들을 대상으로 시험과 면접에 통과하면 과정을 진행할 수 있었는데, 제 경우에는 의료 통역사 과정이 업무 진행에 많은 도움이 되었습니다.

 일을 시작하면서 어려운 점이 있었다면요?

의료진은 자신의 전공 분야 하나를 잘 알고 있으면 해당 분야만 진료하면 됩니다. 하지만 의료 관광 코디네이터는 모든 진료과에 대해 두루 알아야 합니다. 특히 상급 종합 병원의 경우는 수십 가지의 진료과가 있고 제가 일하는 병원만 해도 45개의 진료과가 있어요. 의료 관광 환자는 다양한 질환으로 한국을 방문하고 진료를 받기 때문에 병원에 있는 모든 진료과에서 사용하는 용어들을 섭렵해야 한다는 부분에서 어려움이 큽니다. 각 과마다 주요 질환이 있어서, 예를 들어 심장내과는 고혈압이나 심장 질환 같은, 주로 발생하는 빈도가 높은 용어나 말들은 경험을 통해 자연스럽게 익혀 가는 경우도 있지만, 가끔씩 환자가 발생하는 진료과의 용어를 숙지하여 자연스럽게 통역을 진행하는 것은 쉽지 않습니다. 평소에 잘 사용하지 않는 용어이기 때문에 따로 공부하면서 준비를 해야 합니다. 정말 많은 노력이 필요하죠.

 의료 관광 코디네이터로서 필요한 능력은 무엇일까요?

성격적인 부분이 중요한 것 같습니다.

무엇보다 박애주의나 인도주의 성향을 가진 사람이 무난하고, 일하면서 스트레스를 덜 받을 거 같아요. 앞서 말씀드렸지만 환자분들은 정신적 · 육체적으로 힘든 상황이기 때문에 일반적인 사고나 이해만으로는 대하기 어려울 때가 많기 때문이죠. 그래서 타국의 문화를 이해하고 환자에 대한 배려심이나 측은지심이 있어야 그분들을 대할 때 일로서만이 아니라 인간적으로 대할 수 있습니다.

또한 필수 사항으로는 기본적으로 영어를 어느 정도 구사하며 제2외국어 능력을 갖추는 것이 필요합니다. 우리나라의 의료 서비스를 받기 위해 오는 분들은 개발 도상국이나 의료 후진국에서 입국하는 경우가 많으므로 영어를 사용하지 않는 나라에서 오시는 분들이 많기 때문입니다.

마지막으로 의료 관광 코디네이터라는 직업이 자신에게 맞는지 여부를 미리 확인해 보는 것도 좋을 것 같습니다. 보건복지부 산하 기관으로 한국보건산업인력개발원이라는 곳이 있습니다. 여기서는 국제 의료 관광 코디네이터를 처음 접한 사람이나 현장에서 일을 하는 사람, 아니면 전문가로서 역할을 하고 있는 사람들의 각 레벨에 맞게 수강할 수 있는 다양한 종류의 교육 과정이 개설되어 있습니다. 강사분들은 대부분 현장에서 활동하는 전문가들로 구성되어 있기 때문에, 이 분야가 자신에게 맞는지 알고 싶거나 오리엔테이션을 받아 보

고 싶은 분들에게 좋은 기회가 될 것 같습니다.

또한 한국관광공사에도 의료 관광 코디네이터 교육 과정이 개설되어 있으니, 주최 기관에서 제시하는 커리큘럼을 검토하여 자신에게 맞는 과정을 수강하는 방법도 있습니다. 이처럼 다양한 방법과 공부를 통해 해당 분야와 자신의 적성이 맞는지 여부부터 먼저 알아보는 것이 향후 지구력을 가지고 업무에 임하는 데 큰 도움이 될 것 같습니다.

Q 의료 관광 코디네이터가 되고 싶은 청소년들에게 한마디 해 주세요.

학생들을 대상으로 강의할 기회가 종종 있는데 강의 후 질문을 받아 보면 대부분 연봉이 얼마인지? 어떻게 하면 한국에서 유명한 대학 병원에서 일할 수 있는지, 출세하는 방법에 대해 묻는 경우가 많습니다. 하지만 그전에 생각해 볼 것이 있습니다. 아무리 조건이 좋아도 나와 맞지 않는 일을 한다면 점차 수동적이 되고 마음이 편하지 않아 시간이 지나면 결국 다른 것을 찾으려 할 것이라 생각합니다.

어떤 목표를 가지고 준비하는 사람도, 목표 없이 자신에게 주어진 현실에 최선을 다하는 사람도, 아니면 운에 맡기고 현실을 즐기는 사람도 추후 시간이 지나 어떠한 시점에서는 자신이 필요 없다고 생각했던 부분

도 유기적인 자양분이 되어 그 일을 수행하는 데 필요한 중요한 요소가 될 수 있습니다. 가장 먼저 말씀드리고 싶은 것은 내가 즐겁게 재미있게 할 수 있는 분야를 찾으라는 것입니다. 그리고 그 분야가 외국인을 대하고 해외 관련 일과 연결되어 있는지 살펴보는 것이 첫 번째이고, 그중에서도 에어앰뷸런스를 타고 내원한 환자가 건강해져서 걸어 나가는 모습을 보며 그것만으로 보람을 느낄 수 있고 즐거움을 가질 수 있는 분이라면 국제 의료 관광 코디네이터를 추천합니다. 이러한 마음가짐이 전제가 된다면 앞서 말한 외국어 능력, 의료 용어, 마케팅과 발표 능력은 이후에도 얼마든지 열정을 갖고 노력하다 보면 갖출 수 있는 부분이라고 생각합니다. 물론 외국어 능력은 미리 준비하면 좋겠지만 관심과 흥미를 갖고 공부하는 사람과 수동적으로 필요에 의해서 공부하는 사람의 학습 능력과 속도는 큰 차이가 있으므로 무엇보다 먼저 일을 통해 자신이 얻는 만족감이 최우선되어야 한다는 생각입니다. 무엇보다 지금 주어진 현실에서 자신이 하고 있는 그 무엇인가에 최선을 다하십시오. 지금 여러분은 그 무언가를 찾는 시기이고 지금 하고 있는 공부는 더 많은 기회 속에서 가장 효율적인 방법으로 후회 없는 선택을 하기 위해 반드시 필요한 과정이니 뒤돌아보지 말고 최선을 다하셨으면 좋겠습니다.

06
응급구조사

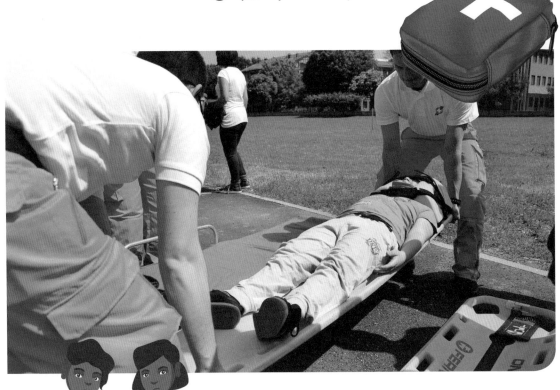

1. 응급구조사란?

응급구조사는 교통사고나 화재 사고 등으로 사람들이 다치면 재난 현장으로 달려가 신속한 처치를 통해 생명을 구하는 일을 한다. 응급 환자가 발생한 현장에서 응급 환자를 상담하고, 구조 및 이송하는 업무를 주로 한다. 그래서 응급구조사의 손을 '생명의 손(Hands of Life)'이라고 한다. 이들은 응급 의료를 제공하는 의료인과 함께 응급 의료 종사자에 해당한다.

응급구조사는 현장의 응급 상황에 직접 대응하는 전문직으로서, 미국에서는 1970년대 교통사고 사망률이 급증하고, 이로 인해 발생하는 장애를 줄이고자 도입되었던 직종이다. 우리나라의 경우 80년대 말 병원에서 응급 환자를 거부하여 환자가 사망하는 사고가 발생하면서, 90년대 초부터 응급 의료 체계에 대한 논의가 시작되었다. 1991년 제정된 응급 의료 관리 규칙에서 응급구조사를 처음 인정하였고, 1994년 법률에서 자격 요건을 상세히 규정하여 1995년도부터 공식적으로 양성, 배출하기 시작하였다.

이들은 늘 응급 환자를 대하기 때문에 이로 인한 스트레스가 생길 수 있고, 각종 질병에 노출되기 쉽다. 따라서 평소에 스트레스 관리를 잘하고, 개인 위생과 안전에 신경을 써야 한다.

2. 응급구조사가 하는 일

응급구조사는 생명과 관련된 위급한 상황이 발생했다는 신고가 접수되면 구급차를 이용하여 사고 현장으로 신속하게 달려간다. 현장에 도착하면 환자의 상태를 살펴보고 환자의 상황이 파악되면 의사에게 연락을 취해 의사의 지시를 받아 현장에서 바로 응급처치를 시행하거나 의료 시설로 이송하는 중에 응급처치를 수행한다. 환자를 병원으로 이송한 후에는 어떠한 응급처치를 시행했는지 그 내용과 출동 관련 사항을 정리하여 해당 진료 의사에게 보고한다. 그 밖에 병원의 응급실이나 수술실, 중환자실 등에서 응급처치를 하거나 의사의 수술이나 진료 업무를 돕기도 한다. 또한 응급 상황에 대비하여 차량과 장비, 의료용품을 점검한다.

또한 환자들에게 공중 보건 서비스를 제공하기도 하고, 돌봄이 필요한 환자를 발견한 경우 정부 기관에 복지 서비스를 요청하거나 질병과 손상에 대한 예방 교육을 실시하기도 한다.

응급구조사가 할 수 있는 응급조치 업무는 응급구조사 자격별로 정해져 있다. 의사의 지시를 받지 않고 행할 수 있는 업무는 2급 응급구조사의 업무 범위와 같지만, 급박한 상황에서 통신 불능으로 의사의 지시를 받을 수 없는 경우에는 예외로 응급처치 업무를 행할 수도 있다.

먼저 2급 응급구조사의 업무를 살펴보면, 구강 내 이물질 제거, 기도기(airway)를 이용한 기도 유지, 기본 심폐 소생술, 산소 투여, 부목 · 척추 고정기 · 공기 등을 이용한 사지 및 척추 등의 고정, 외부 출혈의 지혈 및 창상의 응급처치, 심박 · 체온 및 혈압 등의 측정, 쇼크 방지용 하의(MAST) 등을 이용한 혈압 유지, 자동 제세동기를 이용한 규칙적 심박동의 유도 등이 있다.

1급 응급구조사의 업무는 좀 더 전문적인 영역까지 확대되어 있다. 기본 심폐 소생술은 물론이고 기도 유지를 위한 기도기(airway)의 삽입, 기도 삽관(intubation), 후두

마스크 삽관 등을 추가로 할 수 있다. 그리고 정맥로 확보, 인공호흡기를 이용한 호흡 유지, 약물 투여 등을 할 수 있다. 약물 투여에는 저혈당성 혼수 시 포도당의 주입, 가슴 통증 시 설하(혀 아래)에 니트로글리세린 투여, 쇼크 시 일정량의 수액 투여, 천식 발작 시 기관지 확장제 흡입 등이 있다.

위의 업무들이 2000년에 정해진 이후 한 번도 개정되지 않았기 때문에 현장에서 실제 응급구조사가 하는 업무와 상이한 경우가 많다. 생명과 직결된 업무를 하는 만큼 업무 범위에 대한 법 개정이 현실적으로 필요하다는 의견도 있으나, 여러 의료인들의 업무가 혼합될 가능성이 있어 이에 대한 우려의 목소리도 있다.

3. 응급구조사가 되는 방법

응급구조사가 되려면 '응급의료에 관한 법률'에 따라 보건복지부 장관이 실시하는 1급 또는 2급 자격시험에 합격하여 국가자격증을 취득하여야 한다. 다른 의료 직종과는 다르게 면허증이 아닌 자격증으로 발급되는 이유는 일반인에 의해 응급처치가 시행될 경우 법적으로 문제의 소지가 발생할 수 있기 때문이다.

응급구조사 1급 자격증을 따려면 4년제 대학이나 3년제 전문 대학에서 응급구조학을 공부한 후에 졸업하면 응급구조사 1급 시험을 볼 수 있는 자격이 주어진다.

응급구조사와 관련한 대학을 졸업하지 않았다면 응급구조사 양성 기관에서 일정 과정을 이수하면 2급 시험을 볼 수 있는 자격이 주어진다. 2급 시험 응시 자격 교육 기관에는 소방학교 및 국군군의학교, 인천소방안전학교, 해양경찰교육원, 영진전문대학 평생교육원, 원광보건대학 평생교육원 및 의무 부사관과 등이 있다.

1급 응급구조사 교육 기관

학제	교육 기관
4년제	가천대학교, 강원대학교(삼척 제2캠퍼스), 건양대학교 대전캠퍼스, 경동대학교, 경일대학교, 공주대학교, 간호보건대학교, 나사렛대학교, 남서울대학교, 대전대학교, 백석대학교, 서남대학교, 서영대학교, 선문대학교, 우송대학교, 을지대학교, 한국교통대학교 증평캠퍼스, 호원대학교, 호남대학교
3년제	경북도립대학, 광양보건대학, 광주보건대학, 김해대학, 대전보건대학, 동강대학, 동남보건대학, 동아보건대학, 동주대학, 동의과학대학, 대원대학, 마산대학, 서정대학, 선린대학, 성덕대학, 전주기전대학, 전주비전대학, 충북보건과학대학, 제주한라대학, 청암대학, 춘해보건대학, 충청대학, 포항대학

종류	교육 기관
소방학교	강원소방학교, 경기소방학교, 경북소방학교, 광주소방학교, 국군의무학교, 부산소방학교, 서울소방학교, 인천소방학교, 중앙소방학교, 충청소방학교, 해양경비안전교육원
군 관련 기관	구미대학교 국방의료과, 대전보건대학 의무부사관과, 대전보건대학교 특전의무부사관과, 영진전문대학 부사관 계열, 원광보건대학 의무부사관과
일반인 대상	영진전문대학 응급구조교육센터

응급구조사는 생리학과 해부학 등에 대한 기초의학 지식을 알고 있어야 하고 전문 구조장비도 다룰 줄 알아야 한다.

또한 늘 긴박한 상황에서 일을 하기 때문에 순간적인 판단력과 순발력이 필요하며, 모든 상황에 침착하게 대처할 수 있는 문제 해결 능력이 요구된다. 환자의 생명을 다루는 직업으로 봉사정신과 소명 의식, 스트레스 감내, 남에 대한 배려, 적응력, 침착함, 대처 능력 등이 요구된다.

○ 아산소방서 응급구조사 교육과 훈련 모습

주요 취업 분야는 1급 응급구조사의 경우 병원의 응급실, 응급 전문 이송업체, 119안전센터 구급대원, 응급의료 정보센터(1339), 지역 응급 의료기관, 산업체 부속 의무실, 레저 스포츠 센터(수영장, 해수욕장 등), 안전 관리 요원, 환자 이송단, 공직으로는 소방공무원, 해양경찰, 군대 등이 있다. 2급 응급구조사의 경우 소방학교의 119안전센터 구급대원 등으로 활동할 수 있다.

4. 응급구조사의 직업적 전망

응급구조사의 직업적 전망은 밝은 편이다. 현재 각종 생산 및 건설 현장의 안전사고와 산업 재해, 교통사고의 발생 건수가 증가하고 있으며, 안전에 대한 사회적 관심이 높아지고 있기 때문이다.

또한 주 5일 근무제로 인해 여가 및 스포츠 활동 등 외부 활동이 증가하면서 다양한 사건 사고의 발생 가능성이 높아지고 있고, 인구 고령화에 따른 독거노인 가구와 1인 가구가 증가하여 가정 내 응급 상황 발생 시 대처 인력이 부족하여 사회 안전망 구축이 요구되고 있다. 이런 여러 가지 상황에 따라 응급구조사에 대한 수요는 꾸준히 늘 것으로 전망된다.

07
장례지도사

1. 장례지도사란?

장례지도사는 유가족을 도와 장례 의식 즉, 죽은 사람을 더 아름답고 깨끗하며 편안하게 보내드리기 위한 장례 의식과 관련된 모든 일을 담당한다. 예전에는 장례지도사를 장의사로 불렀다. 장례 절차 및 방법에 대해 유가족과 상담하고 시신 관리, 빈소 설치 등 장례와 관련된 일을 도맡아 한다. 장례지도사는 장례식뿐만 아니라 묘를 다른 자리로 옮겨 다시 장사 지내는 이장에 관한 업무도 한다.

우리나라의 경우, 과거에는 장례가 발생하면 마을에서 조직을 구성하거나 상엿집을 운영하였으나 도시에서는 장의 업무를 해 주는 사람이 없어 이런 일을 맡을 사람이 별도로 필요하였고 일제 강점기를 거치면서 전문 장의사들이 등장하였다. 유교가 뿌리 깊게

자리잡은 우리나라의 경우 장의사는 전문가로 대우받고 있으며, 주로 중장년층이 하는 전문 직종이다.

2. 장례지도사가 하는 일

장례지도사는 가족을 잃은 유가족이 상담해 오면 장례에 대한 법적 절차를 점검하고, 장례 절차와 방법, 일정, 비용, 규모 등 장례와 관련된 정보를 제공한다. 그 다음 사망 통지를 확인하고 시신을 장례식장으로 운반한다. 장례식장에서는 상주에게 장례 의례를 지도하고 장례용

품과 수의, 널, 상복 등을 판매 및 대여한다. 그리고 '수시', '염습', '입관', '화장' 등 시신 관리 업무를 한다.

시신 관리 업무 중 수시(收屍)는 시신의 자세를 바로잡고 깨끗하게 거두는 일이다. 염습(殮襲)은 시신을 깨끗이 씻겨 수의를 입히는 일이다. 입관(入官)은 시신을 관에 눕히고 흔들리지 않게 공간을 채워 넣는 작업이다. 사망 후 3일째 되는 날에는 발인제를 거행하는데, 일반적으로 상주의 종교에 따른 종교의식으로 거행된다. 발인제가 끝나면 영구를 장지나 화장지까지 장의차로 운반한다. 영구가 장지에 도착하면 묘역을 살피고 곧 하관을 한다. 아니면 화장장에서 화장(火葬)을 한다. 장례 후 제례 의식을 마치면 장례지도사의 업무는 끝난다.

3. 장례지도사가 되는 방법

장의사가 되려면 선배 장의사의 업무를 도우면서 장례 절차를 비롯한 각종 행정 절차, 시신 위생 처리 등에 관한 지식과 기술을 습득해야 한다. 고등학교 졸업 이상의 학력이 필요하고, 대학교나 전문 대학의 장례 관련 학과를 졸업하면 취업에 유리하다. 최근에는 대학에 개설된 장례복지과, 장례지도과 등을 전공하거나 평생교육원의 장례 관련 교육 과정을 수료하고 활동하는 사람들이 늘어나고 있다. 아니면 4~5년 정도 장례 관련 실무 경험을 쌓은 후 장례지도사 자격증을 취득해 진출하는 경우도 있다.

일부 병원의 장례식장을 제외하고는 대부분 관련 교육 기관의 추천이나 인맥 등을 통하여 입사하는 경우가 많다. 2012년부터는 국가자격증이 되었으나 민간 자격증인 '장

례지도사'나 '시신위생처리사'를 취득하면 취업에 유리하다. 또한 운구차를 운전해야 하기 때문에 운전면허증은 필수이다.

장례지도사는 주로 병원의 장례식장이나 상조회사와 함께 일한다. 장례 절차, 장례 및 묘지에 대한 각종 행정 절차, 수시, 염습을 비롯한 시신 위생 처리 등에 대한 지식을 가지고 있어야 하며, 죽은 사람의 몸을 다루는 일이므로 담력과 침착함이 요구된다. 장례지도사는 슬픔에 빠진 유가족을 배려하는 마음과 봉사정신도 필요하다. 불행한 일을 당한 유족에 대한 서비스 정신과 언제 발생할지 모르는 장의 업무를 수행해 낼 수 있는 강인한 체력과 인내력이 요구된다.

4. 장례지도사의 직업적 전망

장례지도사의 직업적 전망은 밝은 편이다. 요즘에는 가정에서 장례를 치르기보다 전문 장례식장을 찾는 사람들이 늘면서 차별화되고 전문화된 장례 서비스에 대한 욕구도 늘고 있다. 또한 장례지도사는 가족을 잃은 슬픔을 당한 사람들을 가장 가까이에서 도울 수 있는 직업으로 인식되면서 사회적 기피 직업에서 긍정적인 이미지로 바뀌었다. 대학의 관련 학과를 통해 장례에 대한 지식과 실무를 겸비한 젊은 인력이 배출되면서 전문성을 갖춰야 하는 직업으로 인식이 전환되고 있다.

급속한 고령화가 진행되면서 국내 상조 시장은 지속적으로 성장해 왔다. 사람들이 미리 장례 서비스에 관심을 갖고 상조회 등에 가입하는 경우가 많아 상조시장은 더욱 확대될 것으로 보이며, 이에 따른 장례지도사의 일자리 또한 꾸준히 늘 것으로 예상된다.

Hospital

08

보험심사평가사

1. 보험심사평가사란?

환자가 병원에서 퇴원하거나 진료를 마친 후에 병원비를 내는데, 이때 건강 보험 적용을 받아 원래 병원비보다 훨씬 적은 액수를 낸다. 병원비를 적게 내는 이유는 평소 국민 건강 보험에 보험료를 납부했기 때문이다. 의료 기관은 진료를 행한 뒤 병원비 일부는 환자로부터 받고, 일부는 건강보험심사평가원 등에 진료비를 청구한다. 이때 진료비 심사 평가를 받기 위하여 자체 심사 평가 업무를 수행하는 사람을 보험심사평가사라고 한다.

보험심사평가사는 진료비 심사 평가를 받기 위해 자체 심사 평가 업무를 수행하는 진료비 관련 전문가로, 진료 내역의 해석 및 판정, 청구 심사 등을 해야 하므로 상당 기간의 교육 및 훈련이 요구되는 전문 직종이다.

2. 보험심사평가사가 하는 일

보험심사평가사는 병, 의원에 주로 근무하면서 의료 기관에서 행해지는 진료 내역의 해석과 판정, 진료비 청구 심사 등의 업무를 담당한다. 환자에게 시행된 진료 내역을 심사청구하고 건강 보험 진료비 심사와 산재 보험, 자동차 보험 진료비 심사 업무 등을 맡는다. 또한 사후 관리(삭감 분석, 지표 관리) 등을 통해 진료비 관리를 최적화하는 일을 한다. 그 외 수가 관리, 적정 진료 지원, 직원 교육 홍보, 진료비 이의 신청 및 재청구, 진료비 민원 해결, 삭감 분석, 요양 급여의 적정성 평가 업무 관리, 정책 지원, 미수금 관리 등 다양한 일을 한다.

또한 의료인들에게 의료 정책 관련 정보를 제공하고, 합법적으로 환자를 진료하는 것을 지속적으로 모니터링하기도 한다.

보험심사평가사가 하는 일을 자세히 살펴보면 다음과 같다.

❶ **자체 심사:** 환자가 진료를 받은 때부터 병원 문을 나설 때까지 발생된 진료비에 대하여 요양 급여 기준에 비추어 타당한지 살펴 환자 본인 부담금과 보험자 부담금을 정한다.

❷ **진료비 청구:** 신속한 진료비 회수를 위하여 보험자 부담의 진료비를 청구한다.

❸ **진료비 분석:** 심사 기구가 발급한 진료비 심사 내역서를 토대로 삭감 사유를 항목별, 진료과별, 진료 의사별로 분석한다.

❹ **이의 신청, 심사 청구:** 삭감 분석 내역을 토대로 이의 신청 등을 한다.

❺ **환자 상담:** 환자 및 보호자를 대상으로 진료비 관련 상담을 하여 진료비에 대해 이해시키고 그들의 불만 사항을 해소시킨다.

❻ **대외 기관 응대 업무:** 보건소, 국민건강보험공단, 건강보험심사평가원, 보건복지부 등에서 제기된 진료비 관련 민원 업무에 대응함으로써 병원의 정직한 이미지 관리에 최선을 다한다.

❼ **적정성 평가:** 건강보험심사평가원이 주요 업무인 적정성 평가 분야의 카운터 파트의 역할을 성실히 수행하고자 적정 진료 지원 업무에 적극 참여한다.

❽ **병원 경영 향상에 기여:** 적정 진료비 관리를 통하여 병원 수익의 극대화에 기여한다.

❾ **진료비 정보 제공:** 보험자, 의료 기관, 피보험자의 삼자 관계에서 제3자의 시각으

로 공정한 진료비 관리가 되도록 국민에게 진료비 관련 정보를 제공한다.

3. 보험심사평가사가 되는 방법

보험심사평가사가 되기 위해서는 관련 학과의 전공은 필요치 않으며, (사)한국의료행정실무협회가 주관하는 보험심사평가사 자격시험에 합격해야 한다.

자격증 시험 및 교육은 인증원 주관으로 1년에 2회 치러진다. 2급 응시 자격은 학력, 경력 제한 없이 만 18세 이상이면 남녀 누구나 가능하다. 1급 응시 자격은 종합 병원 및 심사 평가원 등에서 보험심사 실무 경력 5년 이상 경력자, 2급 자격 취득 후 1년이 경과한 사람으로 대학·의료기관·보험심사평가사협회 등에서 소정의 교육을 이수한 경우, 또는 2급 자격 소지자 중 2년 이상 실무 경력자 등이면 가능하다.

시험 과목은 2급이 요양급여기준 1, 2 의료기초(의료법규, 의학용어) 외래실습, 1급이 요양급여기준 1, 2 보험심사평가론 입원실습이다.

보험심사평가사는 건강 보험에 대한 정보뿐만 아니라 의학적 지식과 임상 의료 전반에 대한 이해가 필요하다. 의학, 간호학, 보건학 등 여러 분야의 업무와 긴밀한 연관성을 가지고 있으므로 이에 대한 기초적인 지식을 가지고 있어야 한다. 또한 객관적으로 드러난 사실들에 대한 체계적인 이해력과 드러난 사실들에 대한 종합적인 판단력, 집중력, 분석 능력 등이 필요하다. 급변하는 의료 정책에 대한 꾸준한 관심이 요구된다.

4. 보험심사평가사의 직업적 전망

보험심사평가사의 일자리 전망은 매우 밝은 편이다. 전국의 병원이나 의원에서 보험 심사 평가 업무를 담당하는 보험심사평가사는 의료 기관의 실질적 수입원인 진료비를 관리하기 때문에 그 역할의 중요성과 수요가 날로 높아가고 있다.

또한 질병 종류에 따라 진료비가 결정되는 포괄 수가제(DRG)가 확대되면서 의료진이 그 진료비 한도 안에서 진료할 수 있는 환경을 구축해야 한다. 그러기 위해서는 병원 내부의 진료비 관리 인원의 확보가 필수적이다. 또한 노령 인구의 증가로 진료비 청구 내용이 다양해지고 진료비 청구 체계가 더욱 복잡해서 진료비 관리 인원의 대폭적 증가가 예측된다.

안정된 일자리를 위한 자격 취득 욕구가 높아지는 가운데, 전공학과와 상관없이 자격을 취득하여 전문성을 인정받을 수 있어 많은 사람들이 보험심사평가사를 취득하려 한다.

보험심사평가사는 병원뿐 아니라 다른 관련 기관에서의 수요도 상당할 것으로 예측된다. 국민건강보험공단 및 건강보험 심사평가원에서도 직원 교체로 일자리가 증가할 것이며, 의료실손보험의 확대로 민간보험회사에서도 마찬가지이다. 그 수가 각 6,000명 정도로 분석되었고, 그 밖에 제약 및 의료기기 업체 등에서는 1만 5,000명 정도의 인력이 필요하다고 한다.

이런 여러 가지 환경 요인으로 보험심사평가사 수요는 날로 높아질 것으로 전망된다.

09
요양보호사

1. 요양보호사란?

　　요양보호사는 가족을 대신하여 환자나 노인을 돌보는 사람을 말한다. 요양보호사는 병원이나 노인 복지 시설 등에서 의사 또는 간호사의 지시에 따라 환자를 돌보는 일을 한다. 환자의 식사를 돕거나 목욕을 시키고, 운동이나 화장실 가는 것 등 일상생활의 모든 것을 도와준다. 특히 치매, 중풍 등 노인성 질환으로 독립적인 일상생활 수행이 어려운 노인들을 돌보며, 재가 시설에서 신체 및 가사 지원 등 요양 보호 서비스를 제공하는 업무를 수행하는 직종이다.

　　주로 국가공인 요양보호사 자격을 취득한 사람으로, 2008년 노인 장기 보험 제도가 도입되면서 제도를 시행하기 시작하였다. 초기에는 인력 확보를 위해 누구나 일정 교육을 이수하면 자격증을 취득할 수 있었다. 또한 가족 중 몸이 불편한 환자가 있을 경우 가족을 직접 돌보기 위해 자격증을 취득한 사람도 적지 않았다. 그러나 2009년 말 노인복지법의 개정으로 요양보호사 교육 기관에서 정해진 과정을 이수해야만 자격증을 취득할 수 있게 되었다.

2. 요양보호사가 하는 일

요양보호사는 환자나 노인의 건강을 돌보는 것에서 그치지 않고 청소, 세탁, 조리 등의 생활 지원이나 배설, 입욕, 식사 등의 신체 보조 혹은 일상생활 중의 어려움 등에 대해서도 구체적인 도움을 준다. 요양보호사의 업무 공간은 병원이나 노인 주거 복지 시설(노인 공동 생활 가정 및 양로 시설), 노인 의료 복지 시설(요양 시설), 재가 노인 복지 시설 등에서 의료진의 지시에 따라 장기 요양 급여 수급자를 돌보거나 가정을 방문하여 업무를 수행한다.

특히 병원에서는 의료진과 가족들에게 환자의 정보를 수집하고, 요양 보호 서비스 계획을 세운 후 환경 관리 및 일상생활 지원, 식사와 복용 보조, 배설, 운동, 청결 유지, 정서적 지원 등의 업무를 한다.

❶ **병원이나 요양원 근무:** 입원 환자나 노인을 대상으로 일을 한다. 거동이 불편한 환자나 노인에게 음식을 먹이고 대소변 보는 것을 도와주며 배설 상태를 기록한다. 환자를 목욕시키고 옷을 갈아입히며, 병실을 청소하고 침대보를 교체한다. 심호흡이나 기침을 할 수 있도록 거들어 주며, 환자가 침상에서 이동하거나 일어나는 것을 돕고, 가능한 범위 내에서 운동하도록 도와준다. 의사 또는 간호사의 지시에 따라 환자의 체온, 맥박 및 호흡 수를 측정하여 기록하고 검사물을 채집한다. 환자의 증상과 증후를 관찰하고 기록하여 의사 회진 시 환자 상태에 대한 경과를 보고한다. 그 밖에 살균제, 살균 장치, 소독 기구 등을 사용하여 의료 기구 및 물품을 소독·살균하는 일을 하고, 변기 세척 및 튜브 배설물을 처리하기도 한다.

❷ **가정 방문 근무:** 가정에서 간병을 하는 경우에는 식사 준비 등 간단한 가사 일을 돕기

도 한다. 환자가 거동할 때에는 휠체어를 밀거나 동행
한다. 간호사의 지도, 감독하에 환자의 불편함이나
불안감을 해소해 준다. 환자에게 안락함과 외모
단장에 관한 서비스를 제공하고, 환자의 정신적
안정을 위하여 말벗이 되어 주기도 한다.

3. 요양보호사가 되는 방법

요양보호사가 되려면 양성 기관에서
소정의 교육 과정을 마쳐야 하는데,
약 2달간 이론과 1주일간 실습, 1주일
간 가정 실습을 받게 된다. 교육과정 이
수자에 한해 한국보건의료인 국가시험원
의 국가시험에 합격해야 한다.

응시 자격은 시 · 도지사로부터 지정받은 교
육 기관에서 240시간 교육을 받은 사람, 국가자
격(면허) 소지자(간호사, 간호조무사, 물리 치료사, 사회
복지사, 작업 치료사)는 40~50시간, 경력자(경력 인정

기관에 따라 이수 시간 다름)의 교육 과정을 이수하면 주어진다. 시험 과목은 요양보호론, 기본요양보호각론, 특수각론 등이다.

요양보호사는 환자를 돌보는 일에 적합한 건강한 체력, 성실함, 인내력이 요구된다. 몸이 불편한 사람들을 대상으로 하기 때문에 봉사 정신과 희생 정신이 투철한 사람에게 적합하다.

4. 요양보호사의 직업적 전망

요양보호사의 일자리 전망은 매우 밝은 편이다. 100세 시대를 맞이하고 있는 초고령 사회에서 요양보호사를 필요로 하는 노인 병원, 노인 복지 시설 및 장애인 복지 시설 등이 매년 증가하고 있기 때문이다.

또한 간병 서비스를 병원의 입원 서비스에 포함시키는 간호·간병 통합서비스 제도가 점차 확대될 것으로 보여 요양보호사(간병인)가 더욱 많이 필요할 것으로 보인다. 간호·간병 통합 서비스는 간호사와 간호 업무를 보조하는 간호조무사로 팀 간호 인력을 구성하고 병동당 최대 4명의 간병 지원 인력을 배치하는 제도이다. 2015년 공공 병원 23개, 지방 중소 병원 89개 등 112개소가 참여했으며, 매년 확대해 나가고 있다.

간호·간병 통합 서비스가 정착된다면 요양보호사 등의 간병 지원 인력은 병동의 행정 보조, 환자 이송, 환경 정리 등을 담당하는 지원 인력으로 배치될 것이다.

Interview

요양보호사

이경희

Q 요양보호사 일을 시작한 지는 얼마나 되었고, 어떻게 시작하게 되었나요?

3년 8개월이니까 4년 정도 되었네요. 제 친정어머니는 86세, 시어머니는 90세이신 데요. 그래서 한 십여 년 전부터 자연스럽게 어떻게 하면 연로하신 분들을 제대로 모실 수 있을까 노인 간병에 대해 관심을 갖게 됐어요. 그러다가 2008년도에 생긴 요양보호사 자격시험에 대해 알게 됐죠. 그래서 준비하다가 2012년에 시험을 보게 됐습니다. 그렇게 요양보호사 자격을 얻고 나니 본격적으로 일을 하고 싶다는 생각이 들어서요. 바로 일을 시작하게 됐습니다.

Q 요양보호사는 하루 업무가 어떻게 되나요?

먼저 오전에 출근하면 인수인계 업무를 시작해요. 우리 요양병원은 2교대로 근무하기 때문에 밤 근무 요양보호사와 오전 근무 요양보호사가 인수인계 작업을 하고 시작하죠.

요양병원이다 보니 어르신들의 상태가 수시로 바뀔 수 있거든요. 예를 들어 밤에 자는 동안 기침을 많이 했다든가 식사 때 특이 사항은 없는지, 또 어르신들 가족이 찾아와 특별히 부탁한 것들을 메모해 놨다가 인수인계를 하죠. 인수인계가 끝나면 가장 먼저 기저귀 관리를 하고 식사를 도와드린 후 목욕을 시켜 드립니

다. 그다음에는 간식을 챙겨 드리거나 주변을 정리해 드리고 나면 점심시간이 돼요. 점심 식사가 끝나면 다시 기저귀를 확인하고 간식을 챙겨드린 후 어르신들을 위한 각종 프로그램에 모셔다드립니다.

Q 어떤 프로그램들이 있나요?

만들기, 음악 치료, 노래방 교실 등 월요일부터 금요일까지 매일 다양한 프로그램이 있죠. 그 프로그램이 끝나면 모시고 돌아와 저녁 식사를 도와드리고, 밤 근무하는 요양보호사 선생님에게 인수인계를 하게 됩니다. 밤 근무도 오전 근무와 같은 순서로 진행되고요. 야간에는 30분마다 한 번씩 어르신들이 편하게 주무시는지 순회를 해요. 근력이 약하기 때문에 낙상하거나 또 배회하는 분들도 계시거든요.

Q 처음 일을 시작하셨을 때 어떠셨어요? 잘 맞으셨나요?

솔직히 처음에는 걱정을 많이 했어요. 그래서 한 달 단기 프로그램부터 시작했죠. 혹시 적성에 맞지 않을 수도 있겠다는 생각에. 그런데 제 경우에는 다행히도 잘 맞았어요. 제 성격이 활발하고 대화하는 것을 좋아해요. 그러다 보니 어르신들을 도와드리

일단 요양보호사는 **육체적으로 건강하고, 무엇보다 정신적으로도 건강해야** 잘 할 수 있는 직업이라고 생각해요.

는 게 힘들다기보다 오히려 편안하고 뿌듯함마저 들더라고요. 그래서 계속 일하기로 마음먹었고, 지금까지 해 오고 있습니다.

Q 일을 하면서 기억에 남는 분이 있나요?

아무래도 처음 인연을 맺은 할머니가 가장 기억에 남아요. 처음 그분이 대퇴부 골절로 요양병원에 오시게 되었는데 치매가 굉장히 심하셨거든요. 밤에 잠도 안 주무시고 계속 고향을 가셔야 한다고 하고 그 모습을 볼 때마다 너무 안쓰러웠죠. 그런데 또 낮에는 그렇게 상냥하실 수가 없어요. 식사를 가져다드리면 항상 '고맙습니다. 고맙습니다.' 하며 맛있게 잘 드시고, 누구든 만나든 눈 마주치고 웃어 주시고. 그 어르신을 보며 '아, 치매도 예쁜 치매가 있구나.' 싶었어요. 도움을 드리는 건 저희였지만, 그분이 웃으며 손잡아 주실 때마다 오히려 힘을 얻을 수 있었죠. 보람도 느꼈고요. 그분과의 좋은 추억 덕분에 지금까지 일을 할 수 있었던 것 같아요.

Q 요양보호사 일에 있어서 힘든 점이 있다면 무엇일까요?

아무래도 요양보호사에겐 야간 근무가 가장 힘들고 긴장돼요. 어르신들이 열이 나거나 아프실 때면 저희도 덩달아 긴장되죠. 그럼 30분, 1시간 간격으로 열을 체크하고 세심하게 살펴야 하니까요. 몸도 힘들지만 혹시 만일 문제가 생길 수도 있기 때문에 마음을 졸이며 대기하게 됩니다.

Q 늘 죽음을 접해야 하는데 그 부분이 힘들지 않으세요?

죽음에 대한 생각은 요양보호사를 하면서 많이 바뀌었어요. 예전에는 죽음이란 가슴 아프고 슬픈 것이라고 생각했는데, 이곳에서 일하면서 죽음 역시 삶의 일부분이며 잘 받아들여야 한다고 생각하게 됐어요. 요양소에서 일하다 보면 어제 함께 웃으며 식사를 하시던 분이 오늘 갑자기 돌아가신 경우도 있거든요. 그때마다 생각해요. 이 세상 마지막 날까지 편안하게 지내실 수 있도록 돌봐드리는 게 우리의 소명이구나. 때문에 어르신들을 간호하는 매 순간 최선을 다하게 되죠.

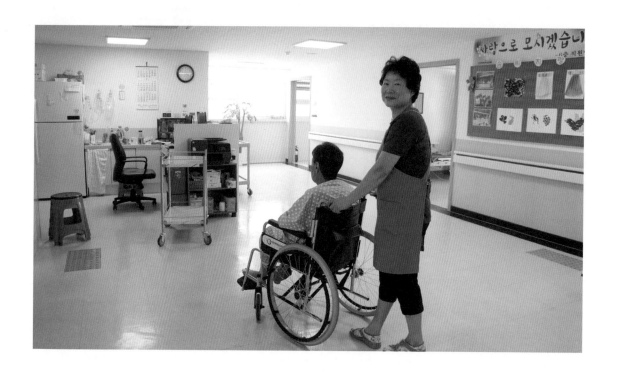

요양보호사에게 필요한 덕목이 있다면 무엇일까요?

일단 요양보호사는 육체적으로 건강하고, 무엇보다 정신적으로도 건강해야 잘 할 수 있는 직업이라고 생각해요. 연로하신 어르신들, 특히 치매를 앓고 있는 어르신들은 제대로 된 사고와 생각을 하지 못합니다. 때문에 말과 행동에 기복이 심해서 일반 사람들은 받아들이기 힘들 때가 있죠. 그래서 요양보호사가 정신적으로 건강하지 않으면 치매 어르신들의 말과 행동을 짜증으로 받아들일 수 있거든요. 어르신들이 병 때문에 그렇다는 것을 인식해야 하는데 자칫 부딪히는 경우도 있죠. 그런 것을 볼 때는 육체적으로 건강해야 하지만 정신적으로도 건강해야 한다고 생각해요.

요양보호사라는 직업의 장점이라면 무엇일까요?

사람은 누구나 한번 태어나 한 번 세상을 떠나게 되요. 생로병사(生老病死)라고 하잖아요. 사람은 태어나면 늙고 병들고 죽는데, 제가 하는 일이 그 마지막 순간까지 잘 보살펴 드리다가 배웅하는 직업이

라고 봐요. 그러다 보니 내가 사랑을 베풀면서 돈도 벌 수 있는 직업이라는 게 저는 참 마음에 들어요. 또한 초고령화 시대로 접어들고 있는 시기라 요양보호사라는 직업은 꽤 전망 있는 직업이 아닐까 싶네요.

10
제약영업 MR

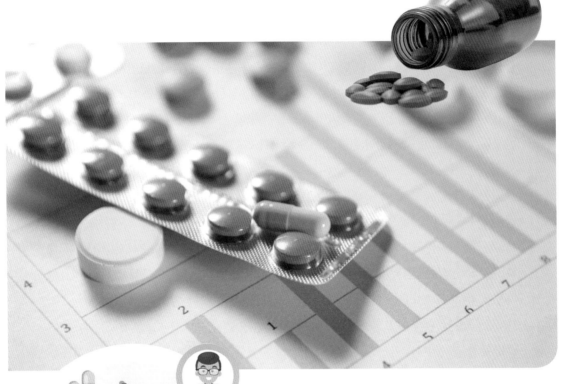

1. 제약영업 MR이란?

영업은 기업의 매출과 바로 직결되는 업무로, 제약업체의 영업팀도 핵심 부서라 할 수 있다. 제약영업 MR은 제약업체에 근무하면서 자신의 회사를 대표하여 의사·약사 등 의료 종사자와의 면담을 통해 자사 의약품에 관계된 정보를 제공, 수집, 전달하는 일을 하고 있다. 제약업체 영업 사원을 MR이라 하는데, MR이란 'Medical Representative'의 약어로 '의약 정보 담당자'를 뜻한다. 의약품에 관한 정보를 수집하여 의료진에서 학술적인 정보를 제공하는 업무를 주로 한다. MR을 세분화하면, ETC MR과 OTC MR로 나뉘는데, ETC(Ethical the counter) MR은 전문 의약품 영업직으로 주로 병원과 의사를 대상으로 하는 영업을 말하고, OTC(Over the counter) MR은 일반 의약품 영업직으로 약국과 약사를 대상으로 하는 영업을 말한다. 우리나라의 경우, 1990년대까지는 판촉 사원으로 불렸으나, 2000년 의약 분업 이후 ETC가 전문 의약품 시장에서 성장하면서 MR이라는 용어가 널리 사용되었다.

하나의 신약이 개발되기까지는 9~17년이라는 세월이 걸리고 약 8,000억 원의 연구 개발비가 소요된다. 또한 많은 후보 화합물에서 신약으로 시판될 확률은 약 19,800분의 1로 극히 낮다. 이렇게 신약은 긴 세월 동안 많은 비용을 들여 세상에 나오게 된다.

제약영업 MR은 이렇게 어렵게 탄생한 신약을 비롯하여 자사에서 판매되는 전문 의약품을 판매하는 일을 한다. 보통 한 달 정도 영업 활동 일정을 만들고, 병원 방문 계획을 수립한다. 병원 교수에게 약을 소개하고 홍보하기 위해 약품 리스트, 제품 브로슈어, 임상 자료, 논문 자료, 샘플 등을 가지고 약의 정보를 제공한다. 그리하여 기존 고객을 대상으로 판매를 촉진시키며, 잠재적인 구매 고객을 파악하고 구매가 이루어지도록 설득한다.

2. 제약영업 MR이 하는 일

의사나 약사라고 해서 모든 약을 아는 것은 아니다. 특히 새롭게 출시되는 신약에 대해서는 그 정보를 잘 알지 못하기 때문에 제약영업 MR은 이런 의약품에 관한 정보를 의사나 약사에게 제공한다. 의약품에 관한 정보란, 환자에게 처방된 후에 보고되는 안정성·유효성·품질에 관한 것들이다.

제약영업 MR은 영업을 위해 다양한 활동을 한다. 고객 방문 활동은 기본이고 강연회를 열거나 연구회를 조직한다. 새로운 정보를 계속적으로 제공하는 Follow Up과 신약 설명회, 심포지엄, 세미나 시 프레젠테이션을 통해 제품 정보를 전달한다. 또한 고객의 요구에 맞춰 제품 데이터 수집 및 논문 검색, 프레젠테이션 자료를 작성하며, 국내 학회 및 해외 학회 시 제품을 홍보하고 마케팅 부문과 전략 회의 및 소회의, CRM 입력 관리 활동을 한다.

제약영업 MR은 단순하게 약

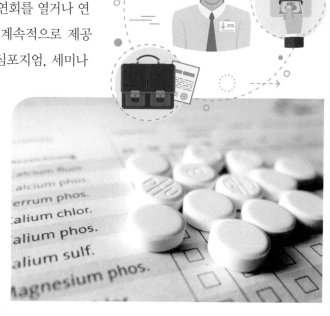

의 단가를 맞춰 약을 팔고 돈을 받는 업무만이 아니라 의사나 약사에게 약의 정보를 제공하고, 그 약이 처방되도록 유도하는 역할을 한다. 하루 일과를 살펴보면, 병원 교수들과의 미팅이 잦은데 제약회사에서 내근을 하기보다는 병원 방문을 주로 하기 때문에 활동적인 업무이면서 주로 담당하고 있는 지역 및 병원이 정해져 있다. 업무는 태블릿 PC를 적극 활용하고, 외근이 잦아 효율적이고 유연한 업무 환경에 있다.

영업에서 의사 등 의료진과의 유대 관계를 위한 대화 능력과 성실함과 신뢰가 중요하다. 약을 납품하고 배송하고 수금하는 등의 업무는 주로 전문 배송업체에서 한다.

3. 제약영업 MR이 되는 방법

제약영업 MR이 되기 위해서는 MR 인증시험에 응시하여 통과해야 한다. 인증시험은 MR 교육을 통해 얻은 공통의 기초학술 및 실무교육 등 MR의 역할에 필요한 최소한의 지식을 필기시험을 통해 확인하는 것이다.

시험은 한국제약협회가 민간 자격의 주체로서 실시하고 그 기준에 부합하는 사람에게 인증을 부여한다. 응시 자격은 한국제약협회 MR 인증 교육을 모두 수료한 사람에게 주어진다. 시험 내용은 질병과 치료, 약제·약리학, 약전·의약개론, 마케팅·영업 등으로 공부할 분량이 상당히 많고 시험 또한 어려운 편이다. 개인적으로 시험에 응시하는 경우는 드물고 제약 영업사원 현직 종사자들이 회사에서 단체로 응시하는 경우가 많다.

제약회사에서는 인증 시험을 채용에 필수 요건으로 요구하지는 않으며, 제약영업 MR의 결원이 있을 때 수시로 채용하는 편이다. 공채도 있지만 주로 지점별 개별 채용을 한다.

4. 제약영업 MR의 직업적 전망

제약영업 MR은 단순히 의약품을 판매하는 것에 그치지 않고 전문적인 지식으로 의사와 약사를 설득해야 하는 전문성이 부각되고 있다. 최근에는 의료진도 온라인을 통해 의약품 정보를 습득하려는 경향이 커지고 있어 MCM(Multi Channel Marketing)에 대한 연구가 한창이며, 정보 중심적 의약품 영업 마케팅 활동이 중요해지면서 제약회사 영업이 해당 지역의 총체적인 역할을 하는 것으로 확대되고 있다. 연봉이 높은 편으로 대기업 못지않아 젊은 층에게 긍정적으로 다가가고 있어 취업 경쟁이 매우 치열한 편이다.

• **한국보건의료인 국가시험원** http://www.kuksiwon.or.kr
한국보건의료인 국가시험원법에 근거하여 설립된 시험 평가 기관이다. 국가시험원은 1992년 의사 국가시험으로 출범하여 2015년 12월 특수 법인으로 새롭게 출발하였다. 1998년 의사를 포함한 24개 직종의 보건의료인 국가시험을 주관, 시행하는 '한국보건의료인 국가시험원'으로 확대 개편됨으로써 명실상부한 평가 기관으로 발돋움하였다. 보건의료인 국가시험제도를 전문적·개관적으로 운영하고, 우수한 보건의료인을 배출하고 있다. 시험 제도 조사, 연구 및 간행물 발간, 국내외 보건의료인 시험 관련 학술 정보 교류 및 국제협력 사업을 주로 하고 있다.

• **한국보건복지인력개발원 보건산업 교육본부**
https://hie.kohi.or.kr/common/greeting.do
보건산업 교육본부는 보건복지부, 고용노동부, 문화체육관광부 등 관련 부처와 협력하여 의료 서비스·제약·화장품·의료 기기·U–헬스 등 보건 의료 산업의 국가 경쟁력 강화를 위하여 관련 분야 전문 인재를 주로 육성한다. 2009년 의료 통역 전문 인력 등 글로벌 헬스케어 전문 인력의 양성을 시작으로, 교육 수요를 조사하고 프로그램 개발 연구에 힘쓰고 있으며, 전문 인력 관리 및 활동 지원, 글로벌 전문 인력 양성을 주로 하고 있다. 또한 고용 연계, 정책 지원 등 보건 산업 교육의 허브 역할을 수행하고 있으며, 육성한 인재들과 종사자들에게 산업 현장 활동을 지원하기 위해 보건 산업 인력 정보 통합 플랫폼 시스템을 구축하여 전문 인력 정보, 인재 요청 정보, 매칭 서비스를 제공하고 있다.

• **대한의사협회** http://www.kma.org
의사의 권익을 지키는 이익 단체로, 동시에 국민의 건강과 생명을 지키는 공익 단체를 표방하는 대한의사협회는 1900년대부터 설립되어 의학 기술 발달과 오래 함께 해 왔다. 주로 의료 정책을 수립하고, 의료 제도 및 의료 체계 개선에 힘써 왔으며, 건강 보험 제도 및 건강 보험 수가 구조를 개선하거나 수가 현실화 방안을 수립하였다. 또한 의료 관련 법령의 제정 및 개정을 추진하고 있다. 의사인 회원과 국민을 대상으로 의료 현안 및 의료 정책 관련 의견을 조사한다. 또한 연구 및 학술 활동 지원하기도 하는데, 학술 대회 및 학술 진흥 지원, 학술상 시상 및 연구비 지원, 의학 교육 발전 방안 및 기초의학 진흥, 국제 교류, 국제 학술 대회 추진 및 지원, 의학 용어 제정 및 개정 등의 활동을 하여 인간 생명의 존엄과 건강한 삶의 가치를 존중하는 전문인으로서 국민 건강의 수호와 질병 치료를 위해 노력하고 있다.

• **대한한의사협회** http://www.akom.org
국민 보건 향상과 사회 복지 증진에 기여하고 한의학술의 발전과 회원과의 침목을 도모하여 한의사의 권익 옹호와 의료질서 확립에 기여함을 목적으로 한다. 한의료기관(병·의원)의 기준 연구 및 개선, 한의학의 국제 교류, 한의료 제도, 한의건강보험제도의 조사 연구 및 개선, 관계 부처에의 건의, 관계 부처와의 협조 및 관계 부처로부터 위임받은 사업을 수행한다.

• **대한치과의사협회**
http://www.kda.or.kr/kda/index.kda
치과 의사의 협회로, 오랜 기간 치과 의료 및 공중 구강 보건 연구를 활성화하기 위해 설립되었다. 대한치과의사협회 지를 발간하여 치의학 연구를 독려하고 논문을 게재하여 치과 의사들의 연구 활동을 지원하는 협회이다. 협회 자체에서 구강 관련 의료 활동도 활발히 해 왔으며, 치과 의료 사업을 조사하고 개선하기 위해 노력해 왔다. 그 밖에 치과 의사의 권익 보호 및 복지를 개선하기 위해 노력하며, 홈페이지에서는 동네 좋은 치과를 검색하거나 치과 의사 실명제로 국민들도 질 좋은 진료를 받을 수 있도록 하고 있다. 치과 의사, 치과 기공사, 치과 위생사 교육 등을 실시한다.

• **대한간호사협회** http://www.koreanurse.or.kr
대한간호사협회는 의료법 제28조에 의해 설립되었으며 간호사 회원들의 자질 향상을 도모하고 직업 윤리를 준수하며 회원의 권익 옹호와 국민 건강 증진 및 사회 복지 증진과 국제교류를 통한 국가 간호 사업 발전에 기여함을 목적으로 하고 있다. 또한 건강한 조직 문화를 정립하고, 법제도 개선을 위한 정책 활동을 강화하고 있다.

• **대한치과위생사협회** www.kdha.or.kr
치과 위생사의 권익 증진 및 처우 개선 사업을 주로 하고 있다. 의료기사 등에 관한 법률, 의료법, 지역 보건법, 학교 보건법, 국민 건강 증진법 등 관련 법률 연구 및 재정 추진, 치과 위생사 고용 조건 및 근무 환경 처우 개선 등 치과 위생사 권익 증진에 주력하고 있다. 매달 치위협보를 발간하여 치과 위생 관련 소식과 행사를 소개하고, 홈페이지에 관련 사업도 공고하여 정보를 공유하기 위해 노력하고 있다. 특히 매년 6월 9일 구강 보건의 날 행사를 통해 전국적으로 봉사 활동을 펼치는 등 국민 구강 보건 향상을 위한 활동도 실시하고 있다.

• **대한임상병리사협회** kamt.or.kr
임상 병리사의 대내외적 위상 제고, 업권 및 권익 수호 확대를 위한 정책, 교육, 학술 지원, 회원 관리 사업 등을 추진하고 있다. 7개의 학술상을 제정하여 포상하는 등 학술 진흥 사업을 실시하고 있고, 각종 연수 및 국제학회 개최, 병리협보 발간을 하고 있다.

• **대한방사선사협회** www.krta.or.kr
방사선사의 인적 관리 교육, 근로 조건 개선 및 사회적 지위를 향상시키기 위한 대정부 지원 활동은 물론 방사선 분야의 학문 연구와 기술 개발 그리고 국민 보건 향상을 위한 계획을 수립하고 지원하고 집행하는 방사선사를 대표하는 법적 단체이다. 구체적으로는 신고 및 실태 조사를 통해 회원을 관리하고, 매년 학술 대회를 개최하고, 국제 학술 대회를 소개하여 방사선사의 활발한 활동을 지원하고 있다. 또한 방사선사의 연수 교육 및 보수 교육을 주요 사업으로 하고 있다.

• **대한약사회** http://www.kpanet.or.kr
대한약사회는 국민 건강 증진에 관련된 다양한 의학 정보를 제공하고 약사 직능 발전을 위한 소통의 장이다. 특히 휴일 지킴이 약국 안내, 의약품 정보, 의약품 복용 방법, 약업계 소식 등 다양한 서비스 제공으로 국민과 약사, 약사와 약사회 사이의 간극을 좁히는 역할을 해 왔다. 또한 약손사랑이라 하여 약사회에서 많은 봉사 활동을 하고 있다.

1. 진료과 용어

- AN(anesthesiology and pain medicine): 마취통증의학과
- DM(Dermatology Medicine): 피부과
- EM(Emergency Medicine): 응급의학과
- FM(Family Medicine): 가정의학과
- GS(General Surgery): 외과
- IM(Internal Medicine): 내과
- NM(Nuclear Medicine): 핵의학과
- NP(Neuropsychiatry): 신경정신과
- NR(Neurology): 신경과
- NS(Neurosurgery): 신경외과
- OBGY(Obstetrics & Gynecology): 산부인과
- OL(Otorhinolaryngology): 이비인후과
- OS(Orthopedic Surgery): 정형외과
- OT(Ophthalmology): 안과
- PED(Pediatrics/Adolescent Medicine): 소아청소년과
- PS(Plastic&Reconstructive Surgery): 성형외과
- TR/TRC(Treatment Radiology/Treatment Radiology Center): 방사선종양학과
- DR(Radiology): 영상의학과
- RM(Rehabilitation Medicine): 재활의학과
- TS(Thoracic & Cardiovascular Surgery): 흉부외과
- UR(Urology): 비뇨기과

2. 병실 용어

- DF(Delivery Floor): 분만장
- ER(Emergency room): 응급실
- General Ward: 일반 병실

- OPD(Out Patient Department): 외래
- ICU(Intensive Care Unit): 중환자실
- CPICU(Cardio-Pulmonary ICU): 심폐기계 중환자실
- EICU(Emergency ICU): 응급 중환자실
- MICU(Medical ICU): 내과계 중환자실
- NICU(Neonatal ICU): 신생아 중환자실
- PICU(Pediatric ICU): 소아 중환자실
- SICU(Surgical ICU): 외과계 중환자실
- PACU(Postanesthesia Care Unit): 회복실
- OR(Operating Room): 수술장

3. 의무기록 용어

- acute: 급성의
- chronic: 만성의
- admission: 입원
- AK(Above Knee): 무릎 위로
- benign: 양성의
- malignancy: 악성의
- Bx(Biopsy): 생체검사
- carcinoma: 악성 종양
- CC(Chief Complaint): 주 호소, 주 증상
- consultation: 타과 의뢰
- onset: 발병
- OP(operation): 수술
- R/O(Rule out): 의심되는 질병
- RT(Radiotherapy): 방사선 치료
- S/P(Solved problem): 치료된 과거 질환
- TPL(Transplantation): 장기이식

- transfer: 전원, 전동

- URI(Upper Respiratory Infection): 상기도 감염

- UTI(Urinary Tract Infection): 요로 감염

- W/U(work up): 진단을 위한 정밀검사

- WNL(Within Normal Limits): 정상범위

- D/C(Discontinue): 중지

- discharge: 퇴원

- discomfort: 불편감

- DNR(Do not Resuscitation): 소생술 금지

- Dx(Diagnosis): 진단

- emergency: 응급의

- Ex(Excision): 절제술

- F/E(Further Evaluation): 검사를 더 시행하다

- F/U(Follow up): 정기적 검사, 진찰

- FUO(Fever Unknown Origin): 원인 불명의 발열

- Fx(Fracture): 골절

- Hx(History): 병력

- I/D(Incision & Drainage): 절개&배액

- LBW(Low Birth Weight): 저체중 출생

- LOC(Loss of Consciousness): 의식의 소실

4. ROS 약어

❶ 신체계측

- AC(Abdominal Circumference): 배 둘레

- HC(Head Circumference): 머리 둘레

- asymmetry: 비대칭적인

- symmetry: 대칭적인

- BMI(Body Mass Index): 체질량 지수

- G/A(General Appearance): 전체 외관

- Ht(Height): 키

- Wt(Weight): 체중

❷ 뇌신경계

- DTR(Deep Tendon Reflex): 심부건 반사

- EOM(Eye of Movement): 안구 운동 범위

- GCS(Glasgow Coma Scale): 글라스고 코마 스케일, 의식 장애의 수준을 눈뜨기, 언어, 운동의 3가지 기능마다 4~6단계로 기재하는 방법

- ICP(Intracranial Pressure): 뇌내압

- L/R, P/S(Light Reflex, Pupil Size): 빛 반사, 동공 크기

- M/S(Motor Strength): 근력의 정도

- N/E(Neurologic Examination): 신경계통 검진

- nystagmus: 안구진탕

- orientation: 지남력

- palsy: 마비

- RASS(Richmond Agitation Sedation Scale): 진정 정도 측정 도구

- reflex: 반사

- Sz(Seizure): 발작

❸ 순환기계

- murmur: 심잡음

- RHB(Regular Heart Beat): 규칙적인 심장음

- palpitation: 심계항진

❹ 호흡기계

- aeration: 환기 상태

- CBS(Clear Breathing Sound): 호흡음이 깨끗함

- crackle/rale/rhnochi: 폐 청진음

- RR(Respiration Rate): 호흡음

- C/S/R(cough/sputum/rhinorrhea): 기침/가래/콧물

- DOE(Dyspnea on Exertion): 운동 시 호흡 곤란

- F/C(fever/chill): 열/오한

- orthopnea: 기좌호흡 곤란

❺ 소화기계

- A/N/V/D/C(anorexia/nausea/vomiting/diarrhea/
constipation): 식욕 감퇴/오심/구토/설사/변비

- soreness: 쓰림

❻ 비뇨기계

- hematuria/nocturia/dysuria: 혈뇨/야뇨/배뇨 곤란

❼ 근골격계

- atrophy: 위축

- weakness: 허약감

❽ 감각신경계

- level of consciousness: 의식의 수준

- auditory/visual: 청력의/시력의

- cramp: 쥐어짜는 고통

- Dz(Dizziness): 어지럼증

- HA(Headache): 두통

- hallucination: 환각

- itching: 가려움

- manic/depressive: 조증의/우울한

- numbness: 감각이 둔함

- tingling: 저린 감, 얼얼함

- syncope: 기절

❾ 피부, 기타

- bed sore: 욕창

- cyanosis: 청색증

- dimpling: 움푹 들어감

- edema: 부종

- erythema: 발적

- fistula: 누관

- hemorrhage: 출혈

- jaundice: 황달

- necrosis: 괴사

- scar: 흉터

- CVP(Central Venous Pressure): 중심 정맥압

- ADL(Activities of Daily Living): 일상 활동 수준

- APACHE(Acute Physiology Age Chronic Health):
환자 중증도 분류

5. 간호처치 용어

- A/C(Active Coughing): 능동적 기침

- ABR(Absolute Bed Rest): 절대 침상 안정

- AROM(Active Range of Motion): 능동적 관절 운동

- PROM(Passive Range of Motion): 수동적 관절 운동

- bladder training: 방광 훈련

- chest percussion: 흉부 타진

- physiotherapy: 물리 요법

- CIC(Clean Intermittent Catheterization): 1회용 카데
터를 이용하여 소변 배출

- CPR(Cadiopulmonary Resuscitation): 심폐 소생술

- HD(Hemodialysis): 혈액 투석

- PD(Peritoneal Dialysis): 복막 투석

· NIBP(Non Invasive Blood Pressure): 비침습적 혈압

· PCA(Patient-Controlled Analgesia): 자가 통증 조절 장치

· PTx(Physical Therapy): 봉합

· R/U check(Residual Urine check): 잔요 측정

· TPN(Total Parenteral Nutrition): 총정맥 영양법, 전비경구적 영양

· tapping: 천자

· ventilator apply: 인공호흡기 적용

6. 투여경로

· PO(Per Oral, by mouth): 경구 투약

· PEG(Percutaneous Endoscopic Gastrostomy): PEG를 통해 가루약을 물에 녹여 주입

· SL(Sublingual): 설하 투약

7. 기타

· AST(After Skin Test): 항생제 피부 반응 검사

· KVO(Keep Vein Open): 정맥관이 유지될 수 있을 정도의 느린 속도로 수액 주입

· premedication: 부작용이 심한 약물 투약 전에 부작용 예방을 위해 미리 처방

· TDM(Therapeutic Drug Monitoring): 약물 농도 검사 (투여 약물의 혈중 농도 측정)

8. 응급의학 용어

· ER(Emergency Room): 응급실

· ICU(Intensive Care Unite): 중환자실

· TA(Traffic Accdient): 교통사고(환자)

· DOA(Death Of Arrival): 도착 시 사망

· compression: 흉부 압박

· intubation: 기관 삽관

· ventilator: 인공호흡기

· tracheostomy: 기관 절개술

· active bleeding: 과다 출혈

· cardiac arrest: 심정지

· Ephi(Epinephrine): 주로 심정지 때 사용하는 약물

· IV: 정맥 내 주사

· normal saline: 생리식염수

· drainge: 배액관

· suture: 봉합

· dressing: 상처 부위 소독 등 상처 부위에 관련된 처치

· suction: 흡입기

· ABGA: 동맥혈 가스 검사

· vital: 환자의 생명 유지와 관련된 수치(혈압 등)

· RBC: 적혈구

· WBC: 백혈구

· Hb: 헤모글로빈

· CVP(Central Venous Pressure): 중심 정맥압

9. 병원 용어

· EMR(Electronic Medical Recored): 의무 기록 전산화가 추구하는 방향으로 CPR이 실현되는 시간이 너무 오래 걸리므로 먼저 의무화를 추진하기 위해 만든 것이다. CPR과의 차이는 CPR은 전국적으로 모든 병원의 환자에 대한 진료 정보를 이용하는 데 주안점을 주지만, EMR은 병원 내의 의무 기록 전산화가 주안점이다. 기록 내용이 많은 부분만을 편법으로 수기한 후 스캐닝하거나 전산 요원에 의해 입력하는 형태이다.

· CPR(Computer based Patient Record): 환자의 진료 정보를 어느 병원이나 보건기관에서 즉시 사용할 수 있도록 만든 전국적인 의무기록 정보 시스템이다. 의학지식을 공유하기 위해 의무기록, 전자 의무기록 시스템. 표준화가 중요하다.

- OCS(Order Communication System): 전 병원을 네트워크 환경으로 구축하고 전산 시스템도 원무 및 보험 청구 중심으로 한 처방 전달 시스템이다. 환자의 인적 상황, 처방 내역, 검사 결과 등이 텍스트 형태로 입력되어 진료 중에 활용된다.

- LIS(Laboratory Information System): 환자를 검사하고 검사 결과를 입력하면 의사가 단말기에서 볼 수 있게 처리하는 병원의 각 검사실과 각 진료과별로 구축된 네트워크. 검사실에서 자동으로 실험실 검사 결과들이 환자 등록 시스템에 검사 항목으로 입력되고, 그 결과에 대하여 담당의사가 단말기에서 볼 수 있다. 대부분의 병원에서는 의사의 지시에 따라 필요한 검사 항목이 표시되어 나가기 때문에 환자를 직접 대하지 않는 임상병리과, 진단방사선과 등에서는 환자의 문제가 무엇인지를 모르게 되는 경우가 많다. 따라서 이들 각 검사실에서 단말기를 통해서 환자의 기록을 열람하고, 진단에 필요한 자료를 검토한다.

- CDSS(Decision Support System): 의사 결정 시스템

- CP(Critical Pathway): 표준 의료 지침

- CI(Clinical Indicator): 임상 지표

- CRM(Customer Relationship Management): 환자 개인의 정보를 분석하여 파악된 고객의 특성을 토대로 마케팅 활동을 수행하고 고객 만족도 제고를 위한 서비스를 강화하는 시스템.

- SMS(Short Message Service): 긴급 시 병원의 각 층 안내소에 설치되어 설치된 인터폰을 이용하여 간호사를 호출할 수 있게 되어 있다.

- CDW(Clinical DW): 병원 데이터 웨어하우징. 병원 내 증대되는 데이터를 추출하고 분석하기 위한 목적으로 구축한다.

- PACS(Picture Archiving Communication System): 의료 영상 저장 전송 시스템. 방사선학적인 영상 진단 장치를 통하여 진단한 영상을 디지털 상태로 획득, 저장하고 그 판독과 진료 기록을 함께 각 단말기로 전송, 검색하는 데 필요한 기능을 통합적으로 처리하는 디지털 의료 영상 저장 전송 시스템.

- TDM(Therapeutic Drug Monitoring): 치료 약물 모니터링. 사람마다 약에 반응하는 농도와 효과가 다르기 때문에 사용하는 모니터링 방법으로, 투여 용량, 투여 간격을 조절하여 약물의 양이 체내에 있도록 유지시켜 주어야 한다.

10. 제약영업 관련 용어

- MR(Medical Representative): 제약영업 사원. 병원, 약

국에 방문하여 의약품의 정보를 제공함.

- PM(Product Manager): 제약영업 사원이 제품을 잘 팔도록 제품을 마케팅함.

- AM: PM 보조. PM을 어시스트함.

- QC: 품질 관리. 공장에서 생산한 약들의 여러 기준 실험을 통해 제대로 생산되었는지 판단함.

- QA: 품질 보증. 제품의 모든 공정이 일정 수준 이상을 유지하도록 관리.

- CRA: 임상 연구. 임상 시험 진행을 담당.

- RA: 임상 후 업무 담당. 라이선스 도입, 의약품 허가/등록, 시장 조사 등.

- ETC: 전문 의약품. 병원 영업(로컬, 종병, 세미).

- OTC: 일반 의약품. 약국 영업.

- EDI: 의사가 처방한 의약품을 국민 건강 보험 공단에 청구한 자료.

- DUR(Drug Utilization Review): 의약품 안심 서비스. 중복 처방한 약을 걸러준다.

- 로컬: 의원급 영업(동네 병원).

- 종병: 대학 병원, 종합 병원.

- 세미종병: 종병보다 작은 병원급.

- D/C(Drug Committee): 처방 약제 선정 등 병원에서 사용하는 의약품 관련 사항을 심의하는 병원 내 기구.

- PMS(Post Marketing Surveillance): 시판 후 임상 조사. 제품 출시 후 의사들에게 성능조사를 하는 것.

- GMP: 품질이 우수한 의약품을 제조하기 위해 설비, 원료 구입, 제조, 보관, 출하 등 체계적 기준.

Hospital

참고 문헌

신문 잡지 등 기사자료

- 가톨릭대 병원 매출 1위… 연세대는 영업이익 1위, 2015. 9. 11. – 한국경제
- 간호사신문 2012. 4.
- 교육전문신문 베리타스 알파 2014. 1. 16.
- [미래 직업의 발견 2] 국제의료관광 코디네이터, 2015. 5. 13. – 글로벌 이코노믹
- 생명을 구하는 아름다운 직업 – 내일신문 2014. 6. 3.
- 서울아산병원 '3관왕' 진료비, 진료건 수, 환자 수 '부동의 1위' 2012. 9. 17. – 동아일보
- 세계의 명 병원 '존스 홉킨스 병원' 2007. 7. 24. – 동아일보
- 세계의 명 병원 '독일 회엔리트 재활병원' 2006. 12. 30. – 동아일보
- 시장전망 밝고 높은 연봉, 인기 치솟는 제약 영업직 – 2014. 11. 30. 서울경제신문

통계자료

- 강원대학교 의료관광학과 블로그
- 교육 블로거 봄봄 http://blog.naver.com/cysky0716/220758985049
- 국제 의료관광 코디네이터협회
- 나의 직업 '간호사' – 청소년행복연구실 저, 2013. 11. 12. 동천출판
- 나의 직업 '약사' – 청소년행복연구실 저, 2013. 11. 12. 동천출판
- 나의 직업 '의료기사' – 청소년행복연구실 저, 2013. 11. 12. 동천출판
- 나의 직업 '의사' – 청소년행복연구실 저, 2013. 11. 12. 동천출판,
- 네이버 두산백과
- 네이버캐스트
- 대한간호협회
- 대한물리치료사협회
- 대한방사선사협회
- 대한안경사협회
- 대한약사회
- 대한응급구조사협회
- 대한의공사협회
- 대한의무기록협회
- 대한임상병리사협회
- 대한작업치료사협회
- 대한치과기공사협회
- 대한치과위생사 협회
- 대한한의사협회
- 두산백과
- 매일경제 용어사전

- 블로그 '페트릭 의학이야기' http://blog.naver.com/ilovemusic9/220714332330
- 블로그 한별이의 제약영업 나눔터
- 블로그 http://blog.naver.com/rambogirl/60121875462 '병원' 용어정리
- 블로그 http://orbi.kr/bbs/board.php?bo_table=united&wr_id=6046433&showAll=true
- 블로그 yunyangsoo http://blog.naver.com/yunyangsoo
- 블로그 http://blog.naver.com/PostView.nhn?blogId=wansoo2&logNo=20154507919
- 블로그 https://kbj721.blog.me/120038777812
- 사) 한국의료행정실무협회
- 사회공헌네트워크 http://www.csrn.kr/board/freeboard_view.php?b_idx=793
- 서울교육청 공식 블로그
- 월간 진로직업 매거진
- 청년의사 http://www.docdocdoc.co.kr/174863
- 편입사이트 MED WIDE http://www.medwide.net/free/5333899
- 푸르메재단 홈페이지
- 한국보건의료인 국가시험원
- 한국산업인력공단
- 한국아스텔라스 제약 홈페이지
- 한국의료행정실무협회
- 한국직업능력개발원 커리어넷
- 연대 세브란스 jp 답변
- 의료기사 등의 법률 시행령

단행본 및 간행물
- 2015년 보건복지 통계연보
- 2016년 의료서비스산업 동향 분석, 한국보건산업진흥원, 이영찬, 2016년, 12월 31일
- 2016년 보선산업통계집, 한국보건산업진흥원, 서건석 외 6인
- 〈병원 경영 정책연구〉 지승원 – 보강병원 경영기획팀장
- 〈병원산업의 성장과정 분석과 발전방향〉 연구보고서 2014 . 12. – 한국보건사회연구원
- 알고 싶은 직업, 만나고 싶은 직업 – 한국고용정보원 저, Jinhan M&B
- 〈의료서비스 산업 동향분석〉 2015. 12. – 한국보건산업진흥원
- 〈주요국 보건산업 직업분석 및 유망직종 선정연구〉 서유정, 2013. 3. 한국직업능력개발

10p

문화일보

http://news.naver.com/main/read.nhn?mode=LSD&mid=sec&sid1=110&oid=021&aid=0002189344

11p

NAVER 블로그

http://blog.naver.com/be2141st/220965121951

19p

사단법인 경기국제의료협회

http://www.koreamedical.or.kr/blog/gmeditour-hospital/%EB%B6%84%EB%8B%B9%EC%84%9C%EC%9A%B8%EB%8C%80%ED%95%99%EA%B5%90%EB%B3%91%EC%9B%90/

26p

NAVER 블로그

http://blog.naver.com/PostView.nhn?blogId=tnwlwldu&logNo=220745714878&categoryNo=71&parentCategoryNo=0&viewDate=&currentPage=1&postListTopCurrentPage=1&from=search&userTopListOpen=true&userTopListCount=5&userTopListManageOpen=false&userTopListCurrentPage=1

27p

Wikimedia commons

https://commons.wikimedia.org/wiki/File:Carol_Greider_2009-02.JPG

30p

개인블로그

http://jabobeat.egloos.com/v/2727259

31p

메이요클리닉

http://history.mayoclinic.org/tours-events/mayo-clinic-heritage-hall.php

32p

NAVER cafe

http://cafe.naver.com/englishclubfriends/1428

34p

한겨레신문

http://www.hani.co.kr/arti/society/society_general/374561.html

35, 36, 37p

푸르메재단

https://purme.org/archives/5941

38, 39p

PIXABAY

https://pixabay.com/ko/%EC%9D%98%EB%A3%8C-%EC%95%BD%EC%86%8D-%EC%9D%98%EC%82%AC-%EA%B1%B4%EA%B0%95-%EA%B4%80%EB%A6%AC-%ED%81%B4%EB%A6%AC%EB%8B%89-%EA%B1%B4%EA%B0%95-%EB%B3%91%EC%9B%90-%EC%9D%98%ED%95%99-%EC%A7%84%EB%8B%A8-563427/

40p

NAVER 지식백과

http://terms.naver.com/entry.nhn?docId=1384719&cid=47322&categoryId=47322

41p

행정안전부 국가기록원

http://m.archives.go.kr/next/m/monthly/detail.do?designateMonth=07&designateYear=2010

45p

한국국제의료관광컨벤션(2012)

www.hospitalshow.co.kr

47p

헤럴드경제

http://news.naver.com/main/read.nhn?mode=LSD&mid=sec&sid1=102&oid=016&aid=0001208076

48p

의학신문

http://www.bosa.co.kr/news/articleView.html?idxno=601243

49p

웰빙뉴스

http://www.iwellbeing.net/?r=home&m=bbs&bid=s3&uid=35933

56p

PIXABAY

https://pixabay.com/ko/%ED%88%AC%EA%B3%BC-%EC%A0%84%EC%9E%90-%ED%98%84%EB%AF%B8%EA%B2%BD-universiti-%EB%A7%90%EB%A0%88%EC%9D%B4%EC%8B%9C%EC%95%84-%EC%82%AC%EB%0%94-2223456/

65p

Severance Hospital

https://www.youtube.com/watch?v=IapAMybO9mY

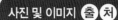
71p
PIXABAY
https://pixabay.com/ko/%EB%B3%91%EC%9B%90-
%EB%8F%84%EC%9B%80-%EC%97%90-%EB%8C
%80-%ED%95%9C-%EA%B4%80%EC%8B%AC-
%EC%B0%B8%EC%84%9D%EC%9E%90-%EC%9E
%A1%EB%8B%B4-%EC%8B%9C%EB%AF%BC-%
EC%A7%84%EB%A3%8C%EC%86%8C-%EC%9E%A
5%EC%95%A0-1822460/

74p
머니투데이(대구가톨릭대학교병원 제공)
http://www.mdtoday.co.kr/mdtoday/index.html?no=
250884

80p
PIXABAY
https://pixabay.com/ko/x-ray-%EC%9D%98-
%ED%84%B1-%ED%84%B1-%EC%B9%98%EA%B3
%BC-%EC%9D%98%EC%88%A0-%EC%9D%98%ED%
95%99-%EC%8B%A0%EC%9D%98-%EC%B6%95%
EB%B3%B5%EC%9D%B4-%EC%9E%88%EA%B8%B
0%EB%A5%BC-2416944/

83p
PIXABAY
https://pixabay.com/ko/%EC%9D%98%EC%82%AC-
%ED%98%88%EC%95%A1-%EC%83%9D%ED%99%
9C-%EC%A0%95-%EB%A7%A5-%EA%B3%A0%ED
%86%B5-%ED%83%88%ED%87%B4-%EA%B0%84
%ED%98%B8%EC%82%AC-%ED%8C%94-%EC%98
%88%EB%B0%A9-2346235/

87p
PIXABAY
https://pixabay.com/ko/%EB%B2%A0-%EB%8D%B0
%EC%8A%A4-%EB%8B%A4-%ED%95%B4%EA%B5
%B0-%EC%9D%98%EB%A3%8C-%EC%84%BC%E
D%84%B0-%EB%A9%94%EB%A6%B4%EB%9E%9C
%EB%93%9C-%EB%B3%91%EC%9B%90-%EA%B8
%B0%EC%88%A0%EC%9E%90-%ED%99%98%EC%
9E%90-80380/

100p
NAVER 블로그
http://blog.naver.com/garutto/30144652949

101p
파이낸셜뉴스
http://news.naver.com/main/read.nhn?mode=LSD&
mid=sec&sid1=102&oid=014&aid=0003499331

111p
뉴시스 (삼성창원병원 제공)
http://news.naver.com/main/read.nhn?mode=LSD&
mid=sec&sid1=102&oid=003&aid=0003942027

132p
NAVER 블로그
http://blog.naver.com/jaesung22c/140203967956

133p
중앙일보(한국호텔관광전문학교 의료관광코디네이터학과)
http://news.joins.com/article/6105205

141p
PIXABAY
https://pixabay.com/ko/%EB%B9%84%EC%83%81-
%EC%82%AC%ED%83%9C-%EA%B5%AC%EC%A1
%B0-%EB%93%A4%EA%B2%83-%EB%B6%80%EC
%83%81-%EA%B0%9C%EC%9E%85-780313/

144p
대전투데이(아산소방서 응급구조사 교육,훈련)
http://www.daejeontoday.com/news/articleView.html
?idxno=335915

146p
NAVER 블로그
http://blog.naver.com/kumkanghb/220221289933

150p
NAVER 캐스트 (이미지제공-경향신문)
http://terms.naver.com/entry.nhn?docId=3577105&ci
d=58886&categoryId=58886

160p
PIXABAY
https://pixabay.com/ko/sch%C3%BCssler-%EC%A0
%95%EC%A0%9C-%EB%8F%99%EC%A2%85-%EC
%9A%94%EB%B2%95-%EC%9D%98%EB%A3%8C-
%EB%8C%80%EC%95%88-957258/

161p
NAVER 블로그
http://blog.naver.com/khko7/220302169307

10대를 위한
직장의 세계 6 병원

초판 1쇄 발행   2018년 7월 25일
　　 2쇄 발행   2019년 1월 30일

저　　　자 | 스토리텔링연구소
발 행 인 | 신재석
발 행 처 | (주)삼양미디어
등록번호 | 제10-2285호
주　　소 | 서울시 마포구 양화로 6길 9-28
전　　화 | 02-335-3030
팩　　스 | 02-335-2070
홈페이지 | www.samyangM.com
I S B N | 978-89-5897-361-4(44370)
　　　　　 978-89-5897-355-3(44370)(6권 세트)